조하문의

회복일기

믿음이란 한 알의 밀알이 땅에 떨어져 죽음으로 많은 열매를 맺음과 같이 진리의 열매를 위하여 스스로 죽는 것을 뜻합니다. 눈으로 볼 수는 없으나 영원히 살아 있는 진리와 목숨을 맞바꾸는 자들을 우리는 믿는 이라고 부릅니다. 「믿음의 글들」은 평생, 혹은 가장 귀한 순간에 진리를 위하여 죽거나 죽기를 결단하는 참 믿는 이들의, 참 믿는 이들을 위한, 참 믿음의 글들입니다.

다시 찾은 나, 그 후

조하문의

회복일기

조하문 지음

홍성사

더 이상 피하지도, 어리석지도 말자

내가 예수 그리스도를 만나 거듭난 지도 만 14년이 되어 간다. 그 기간 동안 이루 말로 표현할 수 없는 많은 일들이 나의 삶 속을 뚫고 지나갔다. 예전에 느끼지도, 보지도 못하던 어떤 아름다운 것이 새로운 인생을 수놓아 준 것이다.

그럼에도 여전히 풀지 못하는 문제가 남아 있는 것을 알게 되었다. 그것은 나만이 아니라 거듭난 다른 사람들도 갖고 있는 문제들이었다. 다시 말해 거듭남은 그리스도인이 되는 길의 시작이요, 그다음이 더 중요함을 깨닫게 되었다.

사실 그런 것들을 깨닫기까지 상당한 시간이 걸렸고 지금도 깨달아 가고 있다. 주님이 가르쳐 주시는 이러한 진리들을 깨달아 가는 것과 나의 정신적·육체적 회복, 그리고 우리 가족의 회복은 매우 중요한 관계가 있기에, 그 이야기를 나누고자 한다.

지구상에는 수많은 기독교인과 주님의 일꾼들이 있음에도, 그들 역시 비슷한 문제로 고민하고 괴로워하는 경우가 많다. 내가 진정으로 성경의 깊은 뜻을 알지 못하면, 결국 성경을 읽는 사람이 되는 것이지 마음으로 그 깊은 말씀을 이해하는 사람은 되지 못하는 것이다.

왜 용서하라 하셨는지, 배우자는 나에게 어떤 의미인지, 사랑이 무엇인지, 신앙생활을 해도 내 모습은 왜 예전과 별반 다른 게 없는지 등 많은 의문을 풀지 못한 채 그저 교회다 기도원이다 하면서 다니게 되는 것이다.

사실 용서하라니까 용서해야 하는, 그런 일차원적인 이유로는 용서가 안 된다. 그러기에는 우리는 너무 똑똑하다.

그러나 성경을 조금 더 깊이 읽고 묵상해 보면, 왜 용서해야 하는지 그리고 그것이 어떻게 가능하게 되는지를 알게 되면, 용서하지 말라고 해도 저절로, 스스로 용서하게 된다.

신앙은 억지가 아니다. 우리는 억지로 해야만 하는 일에는 잘 적응이 안 되게 만들어졌다. 사랑이 안 되는데 어떻게 사랑하겠는가…….

그러나 조금만 깊이, 다른 각도에서 보면 그 까닭이 훤히 보인다. 그리고 10년, 20년 뒤의 나의 모습까지 보게 된다. 결국 자원하는 심령으로 용서하고 열심히 사랑하게 된다.

나 역시 강압적으로 하는 명령에는 잘 굴복하지 않는 심성을 지닌 사람이었다. 그런데 성경을 읽으면 읽을수록 내가 해야만 하는 강압적인 부분이 거의 없다는 것을 알게 되었다. 다시 말해, 하지 않으면 내가 손해지, 강압적으로 그것을 해야만 하는 문제가 아닌 것이다.

성경이 초등 학문 수준의 단순한 책이 아니라는 것을 재차 알게 되면서 거듭난 후의 문제들이 하나둘씩 손쉽게 풀려 나갔다. 사람이란 억지로 시키면 안 해도 '이것을 하면 자신에게 좋다'고 하면 무엇이든 하려는 습성이 있지 않은가.

사랑, 용서, 배우자와의 관계, 나의 자존심, 부모님과 자녀들에 대한 문제, 그리고 나의 오랜 지병인 연약함에 대해 이제 그 수십 년간 묶였던 매듭을 풀어 가게 된 것이다.

주님께서 성경에 왜 이렇게 저렇게 하라고 하셨는지, 그리고 그것이 나에게 어떤 영향을 주는지에 대해 구체적으로 하나씩 알게 되자, 삶이 기막히게 회복되기 시작했고 나의 주변 역시 그렇게 바뀌어 갔다.

처음 예수님을 인격적으로 만나 그리스도라 고백하는 거듭남의 경험은 물론 축하할 일이다. 그러나 그것만으로는 아무 일도 하지 못한다. 그것만으로는 기쁨을 유지할 수 없기 때문이다.

이제는 말씀에 의거한 삶이 나와 무슨 관계가 있는지, (돌아가신) 부모와의 관계는 어떻게 재정비해야 하는지, 용서되지 않는 친구를 거듭난 나는 어떤 의미로 받아들여야 하는지 등 이 같은 문제에 숨어 있는 해결의 실마리를 찾아야 한다. 그래야 진정으로 자유함을 느끼며 살 수 있기 때문이다.

지난 6년간 이민 목회를 하면서 말씀을 준비할 때마다, 그리고 예배와 심방과 삶의 현장에서 주님은 계속 깨우침을 주셨다. 그래서 나와 가정이 거의 온전한 회복을 하루하루 경험하고 있으며 그 경험을 말씀과 함께 늘 전하고 있다.

바로 이러한 '기쁜 소식'을 여러분과 나누고 싶다. 나는 원래 성격이 그리 원만하지 않았으나 이젠 하늘을 보고 웃는 사람이 되었다. 주님이 가르쳐 주신 그 수많은 보석과 같은 진리를 오늘도 깨달아 가기에.

우리가 얼마나 감정에 속고 사는지, 진실이 아닌 허상을 보고 분노하며 몸을 떠는지, 때론 마네킹(?)을 보고 음란한 생각을 하는지 참 우습다. 가상현실에서 조금만 떨어져 나와서 생각하면 웃을 일이 많다.

시간이 빠름을 느낀다. 대학가요제에 나온 것이 벌써 만 31년째이니 앞으로 또 그만큼 지나면 우리는 어디에 있을까. 나는 예전 '마그마' 그룹 시절에 내 40대를 생각해 본 적이 없었다. 그런데 현실은 내 감정이나 생각과는 무관하게 나를 50대로 만들어 버렸다. 그리고 언젠가는 또 나를 7, 80대로, 더 가서는 어느 목사님이 내 장례식을 치러 주게 될 것이라는 사실이 이젠 정말 실감나게 느껴진다.

그래서 조금은 바쁜 마음으로 복음을 전하고 다닌다. 계속 유아기의 감정으로 속고 살기엔 인생이 너무 아름답지 않은가.

주님을 알아 간다는 것은 끝이 없는 길이다. 조금이라도 그분과의 관계가 더 깊어져 여러분의 삶이 참으로 기쁘고 아름답길 진정으로 바란다.

예수 그리스도…….

얼마나 깊고 심오하기에 어떤 이는 자신이 살아오던 모든 것을 다 내버리고 주를 좇을까. 충분히 그만큼 아름다운 정도가 아니라 그 이상으로 아름답다. 분명 후회하지 않는다. 너무 귀하고, 아름답고, 평안하고, 세상 언어로는 더 이상 표현이 없다.

이제 가던 길에서 마침표를 찍고 하늘을 보자. 그리고 다시 걷자. 이번에는 다른 마음과 다른 이유로 걷는 것이다. 두려워하지 않고, 걱정하지 않고, 비교하지 않으며, 나를 인도하시는 그분만 바라보며 걷는다. 평안히, 평안히, 평안히…….

이것이 가능한 것은 우리가 믿는 그분이 살아 계신 존재이기 때문이다.

이 책이 나오기까지 수고해 주신 모든 분께 감사드린다. 나를 낳아 주신 어머니, 평생 내게 바른말과 행동을 가르쳐 주신 돌아가신 아버지, 나를 끝까지 믿어 준 아내와 두 아들에게 감사를 전하며, 캐나다 토론토의 교우들과 홍성사 직원분들께도 감사드린다. 특별히 내가 늘 사랑의 빚을 지고 있는 지구상에 살고 계신 대한민국 국민께 이 책을 바친다.

하나님, 감사합니다.

2011년 어느 봄날

캐나다 리치몬드 힐에서

차 례

1

암전

*
*
*

암전暗轉:　　　　　연극에서, 무대를 어둡게 한 상태에서 무대 장치나 장면을 바꾸는 일

새로운 나

*

*

*

주님을 구주로 영접하고 가장 달라지는 변화 중 첫 계단은 나의 타락 전 모습으로 돌아가는 것이다. 어머니 배 속에서 나와, 누구는 초등학교 때 누구는 고등학교 때 어떤 일을 계기로 자신의 삶이 어두움 쪽으로 바뀌었던 예가 있을 것이다. 바로 그 타락 이전으로 돌아가는 것이다.

이곳 캐나다에서 생활하면서 한국과 가장 다른 점 하나는 조용하다는 것이다. 도시에 가도 시골에 가도 한국에서 볼 수 있는 그런 '사람 많음'과 '기본적인 소음'이 없다는 것, 혹은 있어도 아주 작다는 것. 그래서 때로는 외로움에 시달리는 사람들도 있지만 말이다.

어느 날 나는 창가에 앉아 마당을 바라보고 있었다. 그날은 유난히 구름 한 점 없었다. 주변도 극도로 조용했다. 부엌의 냉장고 소리마저 들리지 않았다. 햇살이 내리쬐는 마당을 한참 바라보고 있는

데 갑자기 어린 시절이 생각났다.

네다섯 살 때로 기억된다. 내리쬐는 햇살을 맞으며 흙장난을 하고 있었는데, 당시 음대를 준비하며 피아노 연습에 열중이던 큰누나 방에서는 〈엘리제를 위하여〉가 귓가에 들려왔다. 그 피아노 소리를 흘려들으면서 흙을 파며 장난하다가, 당시 가끔 집 주위로 지나다니던 비행기를 바라보며 손을 흔들던 내 모습이 떠올랐다.

그때 그 상황은 바로 정적 자체였다. 당시 내가 살던 신당동은 길가에 아스팔트가 깔리기 전……지나다니는 자동차도 없고 오직 소리라는 것은 리어카를 끌고 다니는 엿장수 아저씨의 가위 소리와 가끔 들리는 사람들의 목소리가 고작이던 시절이라, 형, 누나들이 다 학교 가고 나면 텅 빈 집 마당에서 흙장난하는 것이 내 일과 중 하나였다. 바로 그때 '그 햇살, 그 고요함'과 지금 내가 사는 집의 고요함이 시간과 공간은 다르지만 착각할 정도로 매우 비슷하다는 것을 자주 느낀다.

그때의 정적과 고요함……그리고 〈엘리제를 위하여〉는 나를 고요함을 사랑하는 아이로 만들기에 충분했다. 그렇게 고요하고, 수줍음도 많고, 그러나 장난기 많았던 나는 중학교 3학년 때부터 '록'이라는 음악과 함께 변하기 시작했으며, 어느새 현란하고 화려하고, 보기에 멋진 것을 좋아하는 대학생으로……어른으로 변한 것이다. 그렇게 38세 되던 해까지 살다가 그해 가을에 주님을 만나 지금까지 14년 동안 주 안에서 "골수를 찔러 쪼개기"까지 하는 하나님의 말씀으로 대수술을 받으며 다시 '본래의 나'로 돌아가고 있다.

이상하게도 현란한 삶이 싫어지고, 화려한 것도 싫어지며, 너무 세속적인 것들이 더욱 싫어지는 나를 발견하면서 새로운 변화라고만 생각했지 '원래의 나'로 돌아간다는 생각은 하지 못했는데, 우연히 마당을 바라보다가 무언가를 깨달은 것이다.

중3 때부터 마음의 아픈 기억들을 표현하기 시작한, 나의 새로 만들어진 성품은 자꾸 사라지고 상처 이전의 본래의 성품으로 돌아가고 있었다. 타락 이전의 아담으로 가듯이.

나도 놀랐다. 내가 그렇게 많이 변해 온 것을 보고, 그리고 변한 나를 다시 변하게 하시는 그분의 능력에 또 한번 놀라지 않을 수 없었다. 그리고 행복했다. 마치 달팽이가 잃어버린 제집에 들어온 기분, 정말 오랜만에 나의 장소에 들어와 보니 참 평안했다. 그동안 세상에서 크게 보이려고 얼마나 나를 부풀렸던가. 혹시라도 남에게 꿀릴까 봐 비교하며 얼마나 노심초사했던가. 그러나 나는 원래 그런 성격이 아니었다. 그것은 '만들어진 나'였지, 주님이 주신 '원래의 나'가 아니었던 것이다.

원래의 나는 별로 타인에게 신경 쓰지도 않고 그저 조용히 내 일만 묵묵히 하는, 그러면서 아주 밝고 웃음 많고 장난기 많은 평범한 아이였다. 이제 그러한 내 성품을 다시 가지게 되다니, 이것이 바로 초자연적인 일이 아니고 무어라고 표현할 수 있을까.

그것은 마치 아담이 타락 전에 가졌던 순수성이라고 할까. 즉 죄를 모르는, 그래서 부끄러움과 두려움도 모르는, 주님이 만들어 주신 그 성품. 그러나 아담이 죄로 말미암아 부끄러움과 두려움을 알고 살아가다가 죽었듯이, 우리 중 많은 사람들이 본래의 성품이 아닌 자신의 타락 이후의 성품, 즉 세상에서 만들어진 성품으로…… 그것이 정말 자기인 줄 알고 살다가 가고 있지 않은가.

그러한 무언가에 눌려, 하지 않고는 못 견디는 비교의식, 세상 속에서의 화려함, 최고병에서 해방되고 나니 참자유를 느꼈다. 그리고 평안을 말하기 시작했다.

나는 이 세상 끝나는 날까지 이런 회복을 경험하리라고는 상상도 하지 못했다. 그러나 주님은 사람을 고치시기 위해 먼저 그 사람을 타락 이전으로 보내심으로 그분에 의한 진짜 회복이 시작되는 것을 알게 하셨다.

이 세상의 어떤 독재자도 네다섯 살부터 악한 사람은 찾아보기 힘들다. 다시 말해 세상에서 가장 잔인한 독재자, 혹은 로봇 같은 사람이라도 주를 온전히 만나면 그 악함이 끊어진다. 중요한 것은 그가 정말 주를 깊이 알았나 아니냐이지, 그가 어떤 사람이냐는 그리 중요하지 않다는 것이다.

온전히 주를 만나면 그를 변하게 했던 사건 이전으로 돌아가기에, 독재자도, 유난히 쾌락을 좋아하는 사람도, 사치와 명품을 특별히 좋아하는 사람도, 남자인데 이상하게 남자를 사랑하는 사람도, 늘 죽고 싶을 정도로 우울한 사람도 모두 그를 그렇게 만들었던 그때 그 사건 이전으로 돌아감으로 회복이 가능하다. 실제로 북아메리카에서 동성연애자로 12년을 살다가 어느 날 주님을 만나 파트너와의 삶을 청산하고, 신학을 공부하며 주 안에서 만난 여성과 결혼하여 지금 미국 남부침례교단에서 13년째 목회를 하고 있는 목사님의 간증을 접한 적이 있다. 그만큼 우리에게 타락을 일으키는 상처의 역할은 인간의 일생에 매우 크다.

그렇기 때문에 우리에게는 예수가 필요하다. 그를 만나야만 자신의 본래 모습을 알 수 있기 때문이다. 지금 나에게 가요를 작곡하라면 나는 할 수 없다. 억지로 가식적으로 만들 수는 있겠지만 그러한 감정에 몰입되지 않기 때문에 매우 힘들다. 다시 한 번 만나야 할 연인도, 희미한 등불 아래 있어야 할 이유도 없어졌기에, 더군다나 마음의 분노를 폭발시키는 록을 작곡할 만큼 마음 안에 분노가 없기에 더 이상 세상 곡을 쓸 수 없게 된 것이다.

게다가 옛날로 돌아가는 것으로만 끝나는 것이 아니라 이번에는 십자가와 함께 간다. 타락 이전의 천진난만한 상태로 가지만 예수 그리스도와 함께 가는 것이다.

그래서 옛 성품에 하나님의 사랑이 더해지고, 기쁨이 더해진다. 이 기쁨은 세상적인 웃음이 아닌 하나님의 선물로 주어지는 순전한 기쁨이다. 세상의 기쁨은 조건적이고 한정된 시간을 가지지만, 하나님이 주시는 기쁨은 조건도 없고 제한된 시간도 없다.

그러면서 잔잔하고 평안이 주어지기에 가능하면 모든 사람과 평화를 선언하고 싶어지고, 매사에 인내가 부드럽게 이루어지며, 점점 자비로운 사람이 되어 간다. 또한 구제와 선행에 자신을 투자하게 되고, 성품이 이랬다저랬다하지 않는 충성스러운 모습이 되어 가며, 늘 온유하고 평소에 뛰어난 자제력을 보이게 된다.

예전으로 돌아가는 것만으로 무슨 일을 하거나 더 발전적인 사람으로 살기는 힘들다. 예전으로 돌아가는 그 자체는 다른 종교 혹은 심리 치료로도 어느 정도 가능하다. 그러나 이렇게 십자가를 지고 타락 이전으로 갈 때 비로소 주님께 쓰임 받는 사람이 될 수 있고, 자신을 지키는 변치 않는 그리스도인으로 남게 되는 것이다.

많은 경우 은혜를 받고도 잘못되는 경우는, 자신이 짊어져야 할 십자가를 온전히 지지 않을 때다. 아무리 타락 이전으로 가서 착한 사람이 되어도 하나님의 사랑을 온전히 행하려고 노력하지 않는다면 그 무엇에 도움이 되는 사람이 되겠는가.

아름다울수록 십자가가 필요하다. 귀할수록 더 십자가가 필요하다.

한동안 웃음을 잃어버렸었다. 그러나 이제 다시 웃는다. 하지만 십자가를 바라보며 웃는 웃음은 절제되고 깊은 우물에서 퍼 올리는 생수같이 마음속 깊은 곳에서 잔잔하게 나오는 웃음이다.

로스앤젤레스에서 가스펠하우스 공연 중에.
그간 내가 받은 사랑을 청중께 조금이라도 돌려 드리고 싶다.

한동안 사람이 귀함을 잊고 살았다. 그러나 이제 다시 인생의 좋은 친구 혹은 사람과의 관계를 만들어 간다. 어렸을 때처럼 나 중심적인 관계가 아닌 좀더 성숙된 관계로, 타인 중심적으로.

절제라는 단어는 나의 어린 성품에 없던 단어다. 하지만 이제 이것만큼 나를 지켜 주는 것은 없다. 나쁜 것을 절제하는 것은 누구나 한다. 그러나 좋은 것도 가끔 절제해야 하는 용기는 결코 쉽지 않다.

되찾은 나를 다신 잃어버리고 싶지 않다. 그것은 늘 십자가를 바라보려고 노력할 때 비로소 가능할 것이다.

어떤 경우에 처한 사람이라도 주 안에서 다시 새로워질 수 있다. 주님은 우리를 우리의 인생 중 가장 아름다웠던 시절로 십자가와 함께 보낼 수 있는 유일한 분이시기 때문이다. 그분을 우리는 '나의 구원자'라고 부른다. 나를 구해 주신 분……

> 오직 성령의 열매는 사랑과 희락과 화평과 오래 참음과 자비와 양선과 충성과 온유와 절제니 이 같은 것을 금지할 법이 없느니라(갈라디아서 5:22-23)

다시 말해 예전의 성품으로 돌아가는 것으로 끝나는 게 아니라, 예전의 해맑은 성품에다 이번에는 십자가를 가진 모습으로 바뀌는 것이다. 내 모습은 옛 모습, 천진난만하던 그 모습으로 돌아가는데 등에는 예수라는 큰 십자가를 지고 가게 된다.

열등감

*

*

*

사람마다 자신이 알고 있건 모르고 있건 어떤 면에 대해 열등감이 있는 것은 사실이다. 열등감은 그 사람으로 하여금 삶에 대해 긍정적인 역할을 하는 계기가 되기도 하고, 혹자는 그것을 잘못된 방향으로만 해석해서 부정적인 결과를 낳기도 한다.

사실 사람끼리는 누구나 열등과 우등의 부분이 있다. 내가 저 사람보다 나은 면이 있는가 하면 어떤 면에선 좀 약한 면도 있다. 이것은 매우 자연스러운 일이다. 한 사람이 모든 면에서 우등할 수도 없으며 모든 면에서 열등할 수도 없을 것이다. 사람이라면 누구든지 우등한 면과 열등한 면을 고루 가지게 된다.

그런데 바로 열등과 우등 뒤에 붙는 '의식'이라는 단어가 문제다. 열등 그 자체가 문제가 아니라 열등의식이 문제라는 것이다. 또한 우등 그 자체는 문제가 되지 않지만 우등의식은 여러 가지 좋지 않은 결과를 가져오게 된다.

사람은 누구나 키가 클 수 없고, 모두가 노래를 잘할 수 없으며, 지구 인구 60억이 다 사업에 소질이 있을 수도 없다. 그럼에도 많은 사람들이 자신의 우등한 면은 생각하지 않고 열등한 면만 생각한 나머지, 그것을 열등의식이 되기까지 남들과 깊이 비교하여 삶을 망치는 길로 스스로 가는 경우가 주위에 너무나 많다.

성경을 잘 읽어 보면, 우연이라는 말이 점차 입에서 나오지 않게 된다. 내가 이렇게 생기고 아이큐가 이만한 것, 그리고 키가 이만한 것은 주께서 어머니의 자궁에서부터 신묘막측神妙莫測하게 지으신(시편 139편) 결과라는 것을 성경은 전해 주고 있다. 또한 우리를 "지명하여 불렀다"(이사야 43:1)고 말씀하신다. 이 이야기는 우리가 꼭 필요해서 이 세상에 그러한 모습으로 존재하게 만드셨다는 것이다. 내가 이렇게 태어난 이유, 이 세상에 존재하는 이유는 바로 야구 선수 4번 타자가 지명타자이듯 나에게 특별히 시키실 일이 있고 나를 특별히 사랑하셔서 이렇게 존재하게 하신 것이라는 뜻이다.

그래서 열등의식에서 헤어 나오지 못하는 사람이 주님을 만나면 생각이 달라지고 그로 인해 불필요한 행동들이 사라지게 된다. 필요해서 나를 만드셨다는 그 이야기가 우리를 얼마나 감동시키는가. 들에 있는 들꽃 하나도 그냥 지나치시지 않는 주님인 것을 생각할 때, 우리의 열등은 그냥 존재하더라도 그 열등의식은 떠나가게 되는 것이다. 오히려 그 열등을 잘 활용하는 지혜로운 사람이 되는 것이 바로 그분의 계획인 것을 깨닫게 된다.

거듭난 지 14년 동안 많은 사람을 만났지만, 그리스도인임에도 자신의 열등을 자랑하는 사람을 그리 많이 보지는 못했다. 대부분이 그것을 숨기려고 하였으며 그 숨김 때문에 늘 마음속으로 피곤한 삶을 사는 사람들이었다.

그리스도인이라고 해서 모두가 성경을 100퍼센트 믿고 따르는 것은 아니다. 그러나 성경을 100퍼센트 믿고 따르는 사람은 지금은 좀 곤고해도 앞으로 무한한 희망이 있다. 성경을 완전히 믿을 수 없는 사람은 지금 별 탈 없어도 앞으로도 그러리라는 보장이 없다는 것을 우린 깊이 생각해야 할 것이다. 성경을 믿는다는 것은 그 사람에게 축복이요 좋은 일이지 타인에게 먼저 좋은 일이 아니기 때문이다.

성경대로 살고 성경대로 될 줄로 믿고 의지하는 사람은 미래가 달라지기 전에 벌써 현재가 다르다. 그렇게 믿기에 지금을 잘 살 수 있고, 소망과 자유함을 가지고 살 수 있으며, 매사에 긍정적이고 기쁨이 곁들이게 된다. 하지만 성경이 마음에 잘 와 닿지 않는 사람은 미래가 오기 전에 현재에서부터 기복이 심한 자존감과 열등과 우등이 섞인 의식으로 쉽지 않은 현실을 통과하게 된다.

키가 좀 작을 수도 있다. 그러나 그것이 의식으로 와서 나를 괴롭히기 시작하면 어쩔 수 없이 그 고통으로부터 탈피하기 위해 비록 재정적으로 부담이 된다 해도 새로운 고급 자동차를 사야 한다. 그래서 무언가를 남모르게 해야 함이 늘 피곤하다. 그리고 매사에 자신감도 덜하고 가끔 그 열등의식을 덮기 위해 오버 액션이나 말도 종종 하게 된다.

예전에 나는 체구가 큰 사람을 보면 마음이 힘들었다. 그래서 중학교 3학년 때부터 보디빌딩을 시작하여 30대쯤에는 한때 팔 둘레가 40센티미터를 넘는 기형이 되기도 했다. 늘 타인에게 보이는 것이 중요했기에 하체는 그리 운동을 하지 않고 보이는 부분만 운동을 심하게 했다. 내가 좀 왜소해 보인다고 생각했기 때문이다.

또한 이민 와서 8년이라는 시간을 지내는 동안 최근에 깨달은 것이 있다. 내가 자라 오면서 영국·미국 문화에 사로잡혀 있었다는 것이다. 어려서부터 주위 환경 탓도 있었겠지만 이상하게도 영국(그리고 캐나다, 미국, 호주처럼 영국이 정복한 큰 나라는 모두 포함) 문화에 열등의식이 심한 편이었다. 마흔이 넘도록 그 이유도 모른 채 내가 한국 음악을 그리 좋아하지 않는 것이 하나의 취향인 줄 알았다.

마흔이 되도록 록에 심취해 살았지만 왜 그런지는 몰랐다. 그냥 영국 음악이 좋았고 그들의 록이 나를 매료시켰다. 그런데 이상하게도 이탈리아 칸초네나 프랑스 샹송을 좋아해 본 적은 한 번도 없었다. 어려서부터 형들이 사 온 LP판을 들으며 나도 모르게 음악에 있어서는 한국에 사는 아이가 아닌 북아메리카에 사는 2세들처럼 그들의 문화가 머릿속을 점령한 것이었다.

그런데 내 마음이 변하기 시작했다. 이곳에 와서 한 5년쯤 되니 이들의 문화나 예술 세계를 제대로 볼 수 있었다. 멀리서 호기심으로 그리던 상상을 실제 공연으로 보게 되고 자주 접하게 되면서, 그들 문화에 적지 않은 실망이 있었다. 쉽게 말하면 그들의 문화가 어떤 면에서는 매우 얇음을 깨닫게 되었다.

그러다 보니 예전에 좋아하던 음악인들이 차츰 잊혀 가면서 한국의 훌륭한 뮤지션들을 생각하게 되었다. 누구나 하는 그런 얇은 의식이 담겨 있는 음악이 아니라 오직 한국인만이 할 수 있는 깊고 아름다운 음악, 그러기에 세계적인 음악과 그런 음악인이 한국에 있음을 인정하게 되었다.

이 같은 마음의 치료를 통해 이제 한국 문화, 영국 문화 어느 한쪽으로 치우치지 않은 상태에서 좋은 것과 질적으로 조금 떨어지는 것을 객관적으로 보는 시각을 가지게 된 것이다. 만일 지금 어떤 음악이 좋으냐고 내게 묻는다면 이제는 더 이상 록이라고 대답하지 않는다. 나의 대답은 "사람의 마음을 움직일 수 있는 건강하고 의미 있는 음악"이다.

열등의식이 선善을 낳을 수도 있지만 많은 경우 자신을 능력 없는 사람으로 묶어 버린다. 그러나 하나님은 여러분을 지명하여 부르셨고 우리는 과학적인 표현을 빌리자면 수억 분의 일의 확률로 태어났다. 이 어찌 우연이겠는가.

내 경우 처음에는 내가 왜 아파야 하는가를 이해하지 못했다. 그러나 이제는 이해가 된다. 그러면서 한편으로 나의 아픔이 나를 지켜 주는 '은혜의 방패'라는 것을 깨닫는다.

너무 건강하고 모든 일이 잘되면 결국 신앙적으로 넘어지는 경우가 많다. 그러나 아픔이 있는 사람은 아는 길도 두드려 가며 주님의 음성에 예민하다. 왜냐하면 또 아프기 싫으니까.

예전에는 "나의 약점을 자랑하노라"(고린도후서 12:9)라는 사도 바울의 말을 이해하지 못했는데 이제는 충분히 이해한다. 나에게 연약함을 주신 주님을 찬양하며 내 약점을 자랑하기도 한다.

우리에게 존재하는 적당한 연약함은 우리를 성숙하게 하는 데 무척 도움이 된다. 그래서 연약한 사람의 성화聖化 과정이 더 빠른 경우가 많다.

여러분도 주 안에 잘 자리하고 있다면, 여러분이 가진 연약함이 언젠가는 여러분의 자랑이 될 것이다. 그리고 열등을 그대로 인정하며 주님 주신 목적에 따라 아름답게 살면 되는 것이다. 이것이 바로 주 안에서의 소망이 아니겠는가.

열등의식에서 빠져나오면 참자유를 느낀다. 나를 사랑하게 된다. 피곤치 않고 평안하다는 말을 자주 쓰게 된다.

평안은 깊은 기쁨을 유발하고 그 기쁨은 아픈 기억들을 주 안에서 치료한다. 그래서 삶이 달라지고 목적이 달라진다. 그것이 바로 기쁨이요, 행복이다.

나는 올무에서 건짐 받은 새인 것을 감사드린다. 38년 올무에서

·········. 자유, 자유, 자유!

우리의 영혼이 사냥꾼의 올무에서 벗어난 새같이 되었나니

올무가 끊어지므로 우리가 벗어났도다(시편 124:7)

제자의 행동

*

*

*

예수님께서 열두 사도를 부르실 때 특별히 조건이나 자격이 주어지지 않았던 것을 우린 복음서를 통해 알 수 있다. 주님은 사람의 자격보다 그 사람이 부르심을 받은 후 참 회개하고 돌이킨 삶을 사는지 아닌지를 중요하게 생각하신 것이다. 그러한 순종과 회개의 삶을 사는 사도들에게, 즉 부르심에 순종하여 바로 헌신하기로 작정한 그들에게 주님께서는 병과 악한 것을 고칠 수 있는 권능을 또한 주셨다.

그래서 복음서에는 바른 회개를 통해 헌신한 사람에게 주어지는 특권과 의무를 동시에 엿볼 수 있는 사건이 많이 기록되어 있다. 마태복음 10장 8절에 쓰여진 대로 "병든 자를 고치며, 죽은 자를 살리며, 나병환자를 깨끗하게 하며, 귀신을 쫓아내는" 특권이 주어지는 반면, 마태복음 10장 10절에서는 "여행을 위하여 주머니나 두 벌 옷이나 신이나 지팡이를 가지지 말라"(개역한글)고 말씀하시는 예를 들 수 있겠다.

즉 '특수한 권능과 엄격한 의무'가 동시에 주어지는 순간이다. 우리가 잘 아는 것처럼 권리와 의무는 동전의 양면과도 같아서 어느 한쪽만이 존재할 수 없다. 그래서 주님의 귀한 은혜도 받고 잘 지키려면 우리가 고수해야 할 일들이 만만치 않다. 그러나 일부 사람들 중에서 의무는 잊어버린 채 권능만 바라보는 사람이 적지 않음을 볼 때 참 안쓰러운 마음이 든다.

목회자가 되는 과정인 목회학 석사 과정을 공부하다 보면 그 옛날 사도처럼 우리 믿음의 선진들이 행했던 사례들을 배우곤 한다. 그중에서도 가장 기억에 남는 이야기는 성 프란체스코 수도원과 성 베네딕트 수도원 이야기인데, 둘 다 시대적 배경이 구교舊敎만 존재할 때라 우리 같은 개신교와 아무 관계가 없다고 생각될지 몰라도 꼭 그렇지만은 않다. 물론 우리와 맞지 않는 것도 있겠지만 구교에서도 우리가 배워야 할 것이 많음을 시간이 지남에 따라 더 고백하게 된다.

성 베네딕트 수도원에 들어오는 수도사 지망생들의 서약 내용 가운데 가난, 동정童貞, 순종, 정주定住가 마태복음 10장 10절에 나오는 이야기와 흡사함이 우연이 아니라고 생각한다. 이 마태복음 10장 10절은 그 유명한 성자 프란체스코를 결정적으로 회심하게 한 구절이기도 하다.

여행을 위하여 주머니나 두 벌 옷이나 신이나 지팡이를 가지지 말라 이는 일꾼이 저 먹을 것 받는 것이 마땅함이니라 (개역한글)

위 말씀에서 가리키는 사도의 의무 중 첫 번째는 '주머니를 가지지 말라'는 것이다. 주머니는 무엇을 의미하는가. 예전에 〈지저스 크라이스트 슈퍼스타〉라는 뮤지컬에서 내가 예수님 역을 할 때에도 예수님의 옷에는 주머니가 없었다. 주머니라는 것은 무엇을 넣어 놓고 나중에 사용하기 위해 존재하는 것이다. 만일 우리가 무엇이 필요할 때마다 누군가가 우리의 손에 필요한 그 무엇을 쥐어 준다면 우리에게 주머니는 필요 없게 될 것이다.

이처럼 주머니는 나중을 위한 것임을 알 수 있다. 그것이 비록 5분 뒤라 할지라도 말이다. 바꾸어 말하면 '나중을 위해 쌓아 놓지 말라'는 것이다.

'살다 보면 쌓이는 것'과 '쌓기 위해 사는 것'이 다름을 알게 된다. 살다 보니 쌓이는 사람이 있는가 하면, 어떤 사람은 쌓기 위해 평생 노력하다가 써보지도 못하고 간다. 저절로 쌓인 것이라면 아쉬울 게 없겠지만 일평생 쌓은 것이라면 어찌 아까워서 이 땅을 떠날 수 있겠는가.

바로 성경의 가르침은 '없는 자가 되라'가 아니라 '쌓는 자가 되지 말라'는 것이다. 쌓는 것이 목적이 되면 주님을 섬길 수 없기 때문이다. 바로 이 대목이 그 옛날 베네딕트 수도원의 첫 번째 서약인 '가

그 옛날 뮤지컬 공연 당시 윤복희 권사님과 유인촌 선배와 함께.
윤복희 권사님은 여러 가지로 세심히 나를 챙겨 주고 기도해 주셨다. 지금도 자주 만나는
존경하는 기독인 아티스트

난'에 해당한다.

당시 수도사가 되길 원하는 사람은 가난을 당연한 것으로 받아들여야 했다. 그런데 그 가난이 우리가 생각하는 가난과는 좀 차이가 있다. 당시엔 가난을 이렇게 정의하고 있다.

"가난이란 자신의 관할하에 있는 물건들을 내려놓는 것이다."

즉 있는 자, 없는 자의 개념보다는 스스로 자신의 권리를 내려놓는 자, 순종의 사람을 가난한 자라고 정의한다. 세상에는 재물이 없는 부자도 있고 재물이 많은 가난한 자도 있다. 나와 재물이 어떤 관계에 있는가가 중요한 것이다. 아무리 재물이 없어도 내 권리를 포기 못 하는 사람은 결국 부정적 의미의 부자가 될 수밖에 없다.

성경에는 열심히 노력하다 보니 좋은 명예와 재물을 가지게 된 아리마대 요셉 같은 사람을 나무라는 구절이 없다. 오히려 그는 주님의 일을 위해 쓰임 받는다. 그러나 부자가 되는 것, 그것 자체가 우상이 되어 쌓으려고 하다 보면 탈이 나게 마련이기에 "그러지 말라"고 명령하시는 것이다. 바로 우리를 사랑하시기 때문이다.

병든 자를 고치는 권능을 받으려면, 그것이 지속적으로 은사로 남으려면, 주머니가 없어야 한다는 것이다. 날마다 주머니에 잔뜩 쌓아 놓길 원하면서 '왜 나는 병이 낫지를 않을까', '왜 나는 문둥병 같은 지저분한 일이 떨어져 나가지 않을까' 생각한들 소용이 없다. 특권을 받기 이전에 행해야 할 의무가 있다는 것을 알아야 한다. 세상에서도 의무 없는 권력처럼 보기 흉한 게 또 어디 있겠는가?

주머니에 이어 두 번째로 이야기하는 것은 '신을 신지 말라'는 것이다. 여기서 말하는 신은 헬라어 원문을 보면 명사 휘포데마 ὑπόδημα로서, 동사 휘포데오(ὑπηρετέω, 밑에 매다)에서 유래하였으며 '발밑에 동여맨 바닥 신', 즉 '가죽끈으로 발에 묶어 신는 바닥 신'을 의미한다. 당시 근동과 그리스 사람들은 대체로 맨발로 다니거나 샌들을 신고 다녔다. 그러나 예배나 애곡哀哭, 금식을 할 때는 샌들을 벗었다고 기록되어 있다.

곧 신을 벗는다는 것은 거룩, 예배의 장소를 의미한다. 모세가 시내산에서 하나님을 뵈올 때 하나님께서 모세에게 "네가 선 곳은 거룩한 땅이니 네 발에서 신을 벗으라"(출애굽기 3:5)고 말씀하신 바와 같다. 따라서 두 번째 의무는 거룩함을 지키는 것이다. 거룩함 없이는 주님 제자의 일을 할 수 없다는 것이다.

거룩이 무엇인가? 디모데전서 4장 5절은 "하나님의 말씀과 기도로 거룩하여짐이라"고 전한다. 성경과 기도 없이는 그리스도의 일을 할 수 없다는 기본 수칙을 말하는 것이다. 말씀 없는 교회, 기도 없는 가정 위에 무엇이 가능하겠는가.

바로 이 대목을 수도원 서약에서는 '동정'을 바치는 것으로 표현한다. 동정을 주님께 드리는 것은 그냥 혼자 사는 것만을 의미하지 않는다. 동정을 주님께 드린다는 것은 "인간 공동체가 단지 성적性的인 것 이상의 기초 위에 세워졌으며 성적 사랑을 초월하여 보상을 기대하지 않고 자신을 기꺼이 내어 주는 것"으로 정의하고 있다. 그런 의미에서 우리 각자가 하나님 앞에서 온전하며 하나님만이 우리에 대한 '절대적 우선순위'를 가짐을 고백하는 것을 뜻한다.

하나님이 나의 전부인 사람, 하나님을 통해야만 삶이 시작되는 사람이야말로 동정을 바친 자라고 할 수 있다. 단지 결혼을 안 하고 산다고 주님께 동정을 드린 거룩한 사람이라고 볼 수는 없다. 반드시 자원하는 심령으로 나를 하나님께 드린 사람, 그래서 하나님이 나의 모든 것 되시는 그 사람이 바로 동정을 드린 사람이요, 거룩한 사람이 되는 것이다.

그런 사람이 되기 위해 인간의 기본 욕구인 결혼을 포기하게 한 것이지, 혼자 사는 것 자체가 목적이 아니라는 것이다.

요새 혼자 사는 일부 종교인들이 잘못된 길로 가는 것을 보고 들을 때 육신적으로 혼자 사는 것 자체가 주님의 뜻이 아님을 더욱 알게 된다. 혼자 사는 이유가 나의 본성을 죽이고 하나님 앞에 절대적으로 늘 준비된 사람이 되기 위함인 것을 잊지 않아야 할 것이다.

이러한 거룩함 없이는 특수한 권능을 지킬 길이 없다. 하나님은 태초에 남녀가 같이 살도록 만드셨다. 그러나 가정을 주님보다 더 사랑한다면, 배우자를 주님보다 더 사랑한다면, 그 무엇을 말씀보다 더 사랑한다면 문제가 싹트기 시작할 것이다. 그러나 거룩의 참 기쁨을 맛본 사람은 자꾸 주님께 달려가고 싶어 매일매일 그렇게 할 수밖에 없다는 것, 그렇기에 다시 한 번 지금 나를 돌아보며 생각해 볼 문제다.

또한 '예수를 따르려면 지팡이를 버리라'고 말씀하신다. 우리에게는 모두, 나의 길을 인도하는 지팡이, 힘들 때 기대는 지팡이가 하나둘씩 있을 것이다. 누구는 그것이 부모가 되기도 하고, 누군 재물 혹은 자기 자신이 되기도 한다.

그러나 누구라도 주님의 은혜를 온전히 받길 원한다면 지팡이를 버려야 한다고 명령하신다. 주님이 인도하시는 길 외에는 갈 필요가 없다는 것을 고백할 수 있는 수준이 되어야 한다는 것이다.

바로 이 부분을 수도원에서는 '정주'라고 서약한다. 정주는 '한곳에 머무르다'라는 뜻으로, 수도원에 들어왔으면 이곳에서 생을 마친다는 서약이다. 사실 한곳에 머물러 있는 것처럼 어려운 일이 없다. 인간은 나약하고 귀에 들리는 소리에 민감해 자꾸 자리를 옮기려 한다. 더 나은 곳으로, 더 대우가 좋은 곳으로……. 그래서 북아메리카에서는 한 사람이 은퇴하는 날까지 직장을 평균 일곱 번 바꾼다고 한다. 좋은 현상일까?

두세 번까지는 주님의 뜻이라고 볼 수도 있지만 그 이상은 그 사람에게 문제가 있어 보이지 않는가. 믿음은 주 예수 안에 정주하는 것이다. 그분이 우리에게 혹독한 시련을 주셔도, 좋은 것으로 주실 줄 알고 기다리며 잠잠히 그 자리에 있는 것이다.

그리스도인은 이 시대의 사도, 주님의 제자와 다를 게 없다. 우리가 주머니를 가지지 않으려고 노력하고, 신을 매번 벗으며, 지팡이를 과감히 던질 때, 바로 그때 주님이 여러분을 위해 일하기 시작하신다.

우리와 성자聖者의 차이는 생각만 하느냐, 행하느냐 그 차이다.

위선

복음서에는 '누룩'에 관한 표현이 많다. 그것은 당시 주를 잘 모르는 사람들에게 혹은 주님을 따르던 제자들에게 가능한 한 직접적인 묘사가 불필요한 상황에서 주님이 주신 비유적 가르침이다.

누룩은 일상생활에서 없어서는 안 될 식품이요, 우리 식생활의 큰 발명품 같은 것이기도 하다. 누룩이 없이는 빵도 만들 수 없고 누룩이 없이는 술도 만들 수 없는, 그래서 이 세상에서는 꼭 필요한 것임에도 불구하고 이 세상이 아닌 주님 나라 곧 예수 그리스도의 세계에서는 그 필요한 것이 오히려 조심의 대상이 됨을 말씀하신다(마태복음 16:5-12).

어떤 면으로 본다면 세상에서 중요한 것이 주 안에서 오히려 평범하다 못해 없어져야 할 것으로 변하는 그 포인트를 말씀하신다. 세상이라는 세계와 예수 그리스도 세계의 크나큰 가치 기준의 차이를 알게 해주는 이야기인 것이다. 즉 세상에서 꼭 필요한 것이 주를 만난 사람에게는 때론 매우 쓸모없는 것이 되는 경우가 많다.

우리는 세상에 살기에 그 세상에 어울리는 많은 필요한 것들을 얻으려고 노력하며 살다가 죽는다. 그러나 주님을 온전히 만나면 그 가치 기준이 바뀌어 이전에 꼭 필요하던 것이 더 이상 내게 가치 없는 일, 누룩 같은 일이 되어 버리는 경우가 허다하다. 그래서 크게 은혜를 받으면 세상의 필요함을 자연스럽게 내려놓게 되고 더욱 의미 있는 일, 주님과 주님이 사랑하시는 백성을 돌보는 일을 하며 세상의 여생을 아름답게 보내는 분들을 가끔씩 소식으로, 책으로, 미디어로 듣게 된다.

한때 토론토 대학에서 철학 박사로 교수직에 있던 장 바니에Jean Vanier는 주를 만나자, 감았던 눈을 뜨고 주님을 따라 프랑스 시골 외진 곳에서 장애인 공동체 라르슈L'Arche를 시작하고 그 공동체를 위해 남은 평생을 바쳤다. 이 이야기에서처럼, 주를 만난 사람들의 공통점은 누룩 없는 삶을 살기 시작한다는 것이다. 누룩의 힘을 의지하기보다 자기 내면의 삶을 가꾸는 것이 주님을 따르는 삶이요, 그분의 백성을 위한 삶이 되는 것이다.

누룩의 기능 중 하나는 실제의 모습을 없애거나 변화시키는 것이다. 술을 빚는 경우 이 누룩의 효과로 말미암아 원래 녹말이던 주성분이 포도당으로 변화된다. 그리고 빵의 경우에는 실제의 크기보다 더 크게 부풀어 오르고 모양도 아름답게, 보기 좋게끔 만드는 것이 누룩의 사명이라 할 수 있다.

바로 이런 점들이 주를 만나고 나면 우리 신앙뿐 아니라 우리 삶에서 자연히 없어지는, 혹은 없어져야 되는 부분이다.

많은 사람들이 신앙과 삶을 분리해서 생각하길 원한다. 그러나 주를 만나 거듭나면 신앙과 삶이 결코 분리될 수 없음을 실감케 된다. 내 삶이 곧 그리스도 안에서의 삶으로 바뀌기 때문이다.

그동안 주를 모를 때 얼마나 누룩을 사랑했는가. 나를 포장하고 치장하는 일에 일생을 보내다 보니 나중에는 나도 내가 누군지를 모르는 경우가 허다하지 않았는가. 그저 정신없이 세상에 맞추다 보니 내가 세상을 사는 것이 아니라 세상이 내 삶의 주체가 된 적이 얼마나 많았는가. 그래서 또 얼마나 나의 영과 혼이 피곤하여 힘들어하며 나와 다른 그 '또 다른 나'를 사느라 많은 나날을 술로 혹은 위선으로 살았는가.

바로 이곳에 주님의 위로가 있다. 주님께서 "진리가 너희를 자유롭게 하리라"(요한복음 8:32)고 말씀하시기 때문이다.

이제 누룩을 벗어 버린 자유인으로 살라는 것이다. 누룩을 벗어 버리고 솔직하게, 있는 그대로 살라는 것, 그러기 위해선 다른 것으로 포장된, 그리고 이미 녹말에서 포도당으로 변해 버린 나를 먼저 발견해야 한다. 변질되지 않았던 나, 원래 주님이 만들어 주신 나의 본래 모습을 기도하면서 발견해야 한다. 나의 발견이 있어야 치료가 가능하고 치료가 이루어져야 회복된 사람으로 살아갈 수 있다.

세상에선 크게, 아름답게, 멋있게, 건강하게, 완벽하게 보여야 되는 것으로 우리의 뇌 속에 이미 각인되어 있기에, 우리 영혼은 늘 시달림 속에서 약간의 강박증과 우울감과 허무함을 가지고 계속 누룩을 만들고, 삶은 황폐해진다. 그래서 상상을 초월한 성범죄, 마약, 수면제 같은 것들이 자주 등장하게 되는 것이다.

그러나 이제 더 이상 긴장하며 나를 꾸밀 필요가 없다. 모든 것을 아시는 주님과 편안한 사이가 되었으니 무엇을 만들고 무엇을 숨기겠는가. 이제 그분 안에서 우리가 깊은 안식을 가지기를 주님은 원하신다.

그동안 강하고, 괜찮아 보이려고 얼마나 노력했는가. 다른 사람이 나를 이상하게 볼까 봐 얼마나 안 그런 척하며 살았는가. 이제 더 이상 그럴 필요가 없다. 전지전능하신 하나님이 늘 나와 함께하신다니 무엇을 꾸미고 무엇을 두려워하겠는가. 힘들면 소리 내며 울어도 괜찮다. 좀 바보스러워 보여도 괜찮다. 주님이 곁에 계셔서 모든 것을 아름답게 인도하시기 때문이다. 무엇보다 주위 사람들이 그렇게 변해 가는 나를 예전보다 더 좋아하고 같이 있고 싶어 한다. 참 이상하지 않은가.

누룩을 벗어 버린 진정한 본래 우리의 모습으로 돌아가자. 그 천진난만했던 우리의 모습 말이다. 두려워 말고 너무 걱정하지 말고, 마음에 십자가만 꼭 간직한 채 쓸모없는 누룩의 삶을 청산하는 거다.

구약성경 레위기 1장을 보면, 당시 가장 기본적인 제사였던 번제燔祭

에 관한 이야기가 나온다. 그런데 번제를 드릴 때 희생 제물의 가죽을 벗기고 각脚을 뜬다고 한다. 주님이 받으시는 제사祭의 희생물은 반드시 가죽을 벗기고 각을 떠야 한다는 것이다. 즉 예배에 임하는 사람이면, 주를 깊이 만난 사람이라면 누룩을 제거함은 물론이요, 현재의 내 모습에 붙어 있는 가죽마저 벗기고 각을 뜨는 작업을 해야 한다고 말씀하시는 것이다.

예배에 임하려면, 온전한 그리스도인으로 살려면 내 몸과 마음에 붙어 있는 성품, 출신, 학벌, 외모, 직위, 원래 성격이라는 가죽을 벗겨 내라는 것이다. 세상에서 살기 위해 어쩔 수 없이 사용한 누룩을 제거했더라도 아직 내 마음속에 출생 때부터 가지고 있는 누룩이 사라지지 않았다면 주를 따르기 위해 이것도 벗겨 내야 한다고 말씀하시는 것이다.

누룩을 벗겨 내는 것은 어느 정도 하겠지만 나의 원초적인 본능과도 같은 마음의 가죽을 벗기는 작업은 매우 어렵다. 그래서 기독교인은 많아도 전쟁은 끊이지 않고 굶주리는 사람은 늘어만 가고 있다. 우리 성품의 가죽이 그냥 남아 있기 때문이다. 주님을 믿는다 해도 누룩만 벗어서는 세상이 변하지 않는다. 나의 성격, 출신, 학벌, 직위, 나의 고집을 온전히 주님 앞에 있는 쓰레기통에 버리지 않는 한 교회 다니는 인구는 늘어도 진정한 그리스도인은 줄어들 것이다. 내가 나의 성품부터 변하도록 주께 맡길 때 비로소 세상이 아름다워질 수 있는 희미한 불빛이 보이게 된다.

또한 각을 뜬다는 것은 희생 제물을 잘라서 번제단에 맞게끔 그 모양을 변화시킨다는 것이다. 즉 나의 잘남을 내려놓음으로 성품이 변화되어 이제 주님이 쓰시기에 합당한 그릇으로 모양이 변해 가는 것을 말한다. 예전에는 세상에 맞추기 위해 누룩으로 변형시켰던 나를, 이제 누룩을 없애고 그다음에 내 마음의 가죽을 벗겨 주 앞에 드리면, 주님이 이번에는 주님 나라에 합당한 자로 만들기 위해 각을 떠서 모양을 변화시킨다는 것이다.

내 모양의 변함 없이 타인에게 도움이 되는 사람은 없다. 그러나 모두들 자신의 모양을 그대로 가진 채 각자의 스타일로 주님을 높여 드리려고만 한다. 그래서 믿지 않는 자들 눈에는 하나님이 한 분이 아닌 것처럼 보인다. 각자 자신의 하나님만 고집하기 때문이다.

하나님은 천지 만물을 지으신 분이다. 그분이 무엇이 없으시겠는가. 그분이 원하시는 것은 바다와 육지에 있는 모든 생물이 아니라, 마음의 가죽을 벗지 않은 채 드리기에만 급급한 제사와 제물이 아니라, 바로 우리 자신이다. 여러분과 여러분의 시간과 공간을…….

나는 1997년 9월 극적으로 그분을 만나서 지난 14년간 누룩이 제거당하는 고통과 기쁨을 느끼며, 또한 마음의 가죽을 벗기시는 그분을 바라보며, 또한 각을 떠서 사용하고 계시는 그분과 동행해 왔다.

가끔 성격대로 예수를 믿고 성격대로 주를 섬긴다는 말을 듣는다. 그러나 성경에 의하면 결국 성격까지 변하는 것이 주님의 온전한 치료라는 것을 알게 된다.

급진적인 사람이 온유한 사람으로, 부드럽기만 한 사람이 정의를 외치는 사람으로, 그래서 어떠한 악과 두려움에도 굴하지 않는 주님을 닮은 사람이 되어 가는 것이 온전한 주의 사람이 되는 길이다.

오늘도 주님은 등록 교인이 아니라 그리스도인을 찾고 계신다.

캐나다에서 살던 집.
나는 이곳을 하나님이 주신 하나님의 성소라 생각했다.
이곳에서 참 많은 책을 읽고 설교 준비를 했다.

주님의 법칙

*
*
*

우리가 읽고 공부하는 성경은 세상 모든 사람들이 믿고 인정하는 것이 아닌 특정 부류의 사람들만 믿는 책이라는 것을 우린 모두 시인한다. 성경에 나오는 일들, 예를 들어 홍해가 갈라지는 것, 죽은 나사로가 살아나는 것, 예수께서 물 위를 걸으시는 것 등을 세상 사람들이 '믿지 못하는 경우'가 '믿는 경우'보다 더 많기 때문이다.

인간의 생각으로는 이해되지 않는 일이 성경에서는 이루어지는 경우가 매우 많다는 것, 그래서 성경을 대할 때 수학책처럼 '이해가 되느냐'가 아니라 대부분의 경우 '믿느냐'고 묻게 되는 것이다.

그리고 바로 여기에 믿음이 필요하다는 결론을 얻게 된다. 즉 믿음이 없으면 성경은 읽을 수 없는 책이요, 기도도 답답한 일이 될 것이다. 그러나 성경이 믿어지는 사람에게는 참으로 놀랍고도 새로운 세계를 접하는, 마치 우주인이 처음 지구 바깥을 나갔을 때의 느낌처럼 "아, 이곳에 다른 세계가 있구나" 하는 기쁨을 감추지 못할 것이다. 바꾸어 말하면 성경을 믿는다는 것은 이 세상의 눈에 보이는 세계 외에 또 다른 세계가 있다는 것을 인정하는 것이고, 그 세계가 바로 성경에 나타나 있다는 사실을 다시 한 번 인정하는 것이다.

우리는 주님이 만드신 지구라는 행성에 살고 있다. 그리고 이 행성에는 주님이 만들어 놓으신 법칙이 있다. 예를 들어 중력이라든가 태양을 중심으로 한 시간의 개념 그리고 그 중력과 시간의 개념하에 만들어진 수많은 과학의 법칙 아래서 살아가고 있다. 절벽에서 떨어지면 죽게 되고, 밤이 지나면 아침이 오고, 물은 위에서 아래로 흐르고, 사람은 새처럼 날 수 없다는 것이 진리처럼 되어 있다.

그러나 잘 살펴보면 그것은 '지구에서의 진리'다. 가장 가까운 달만 하더라도 중력의 개념이 달라(지구의 약 6분의 1), 절벽에서 떨어지더라도 죽을 확률이 적으며, 사람이 날 수는 없지만 어느 정도 벼룩처럼 점프할 수 있다는 진리로 바뀐다. 또한 완전한 무중력상태에 가면 이 진리는 또 한 번 바뀌게 된다.

우리는 우리가 알고 있는 모든 것이 실은 지구에서만 해당하는 지구의 법칙임을 알아야 한다. 그리고 주님이 만드신 온 우주에는 지구만 있는 것이 아니라, 지구를 포함한 태양계 같은 것이 수도 없이 많으며, 그 수도 없이 많은 태양계가 모여 은하계를 이루고, 은하계가 수도 없이 많을 때 은하군을 이루며, 이 우주에는 그 은하군이 무한대로 많다. 지구에서 가장 가까운 별(알파켄타우리)을 가는 데 약 4.4광년이라는 시간이 걸린다고 한다. 빛의 속도(1초에 지구를 일곱 바퀴 반을 도는 속도)로 4.4년을 가야 가장 가까운 별을 만난다는 것이다.

천문학에서 이야기하는 별이라 하면 "스스로 빛을 발하는 존재"를 말한다. 지구나 달처럼 태양의 빛을 받아 빛을 내는 것이 아니라 태양처럼 스스로 빛을 발하는 존재를 말한다. 현재 로켓(초속 10킬로미터)으로 그곳까지 간다면 약 12만 년이 걸린다고 한다. 자, 무슨 상상을 할 수 있겠는가? 그곳에 도달하면 또 어떤 법칙이 기다리고 있겠는가.

하나님은 바로 이 우주를 만드셨다고 창세기 1장 1절에서 말씀하신다. 하나님은 지구의 법칙을 초월하시는 분이다. 우리는 지구의 법칙에 종속되어 있지만 하나님은 우주를 총괄하신다.

죽음이 무언가. 시간이 지남에 따라 세포가 늙어 죽으면 사람이 죽음에 이르게 된다. 반대로 시간이 흐르지 않으면 세포도 늙지 않는다는 이야기가 된다. 만일 주님이 조금 과거로 가셔서 죽은 나사로에게 지구의 법칙이 아닌 주님의 법칙, 즉 시간과 지구의 모든 법칙을 벗어나는 주님의 법칙을 적용했다면 그는 죽음에 이르지 않았을 것이다.

우리는 물에 빠지는 것이 매우 당연하지만 무중력상태에선 물을 공중에 던지면 그 물이 공중에 떠다닌다. 바꾸어 말하면 물에 빠진다는 것은 지구의 중력이 있을 때에만 가능한, 어찌 보면 우주의 개념에서 볼 때 특수 상황에서만 일어나는 일인 것이다. 우리는 그것이 진리라고 하지만 말이다. 무중력상태에서는 물에 빠지려고 애를 써도 결코 빠질 수 없다. 이것이 우주의 진리다.

우리는 어느 것을 더 믿어야 하겠는가. 일반적인 과학인가, 지구라는 특수한 행성에만 해당되는 그 법칙인가.

마태복음 14장 25-33절에서 주님이 물 위를 걸으신다. 그러나 그때 만일 주님이 무중력상태에 자신을 종속되게 하시면 주님이 계신 곳과 제자들 있는 곳에는 차이가 있게 된다. 즉 물에 빠지려야 빠질 수 없는, 중력이 없는 상태가 주님의 뜻으로 부분적으로 이루어진다. 예수님이 무중력상태에 계시면서 물 위를 걷는 일을 행하실 수 있다는 것이다. 2천 년 전에 예수님께서 꼭 그렇게 하셨다는 것이 아니라, 우리의 이러한 중력 개념으로도 이해하려고 하면 그러한 사건들이 얼마든지 가능한 일이라는 것이다.

얼마 전, 아폴로 11호가 달에 다녀온 것이 거짓이라는 이야기가 인터넷에 뜨거운 논쟁거리로 올라왔다. 그 논란의 증거 중 하나는 달에 꽂은 성조기가 바람에 휘날린다는 것이었다. 사실대로라면 달에는 공기가 없으므로 바람도 없을 것이다. 이 사실을 아는 네티즌들이 의심하기 시작한 것이다. 바람은 공기의 이동이라는 것, 우리가 다 배워서 알고 있지 않은가.

이처럼 우리가 생각하는 진리가, 조금만 깊이 생각하면 진리가 아닌 '지구의 법칙'으로 바뀐다. 그래서 특수 상황이나 다름없는 지구의 법칙으로만은 성경 전체가 결코 이해되지 않는 것이 정상이다. 물론 부분적으로는 이해가 되겠지만.

마태복음 14장 31절에서 주님은 "왜 의심하였느냐"라고 말씀하신다. 주님을 믿는다는 것은 그분이 만드신 온 우주 만물의 법칙, 곧 주님의 법칙을 믿는다는 것이기 때문이다. 그러나 지구의 법칙만을 고수하는 자는 바깥세상을 모를 수밖에 없기에 주님을 믿을 수가 없다.

마치 북한의 아오지 탄광에서 수십 년 일만 하는 사람이 캐나다 여름의 바비큐 맛을 모르듯, 눈을 들어 바깥세상을 보려 하지 않는 자에게는 성경은 만화 같은 책이 되고 만다. 그러나 지구 바깥에서 보면 지구가 만화다. 한국에서 약 100년 전 한국말을 안 쓰는 사람을 보면 서양 귀신이라 불렀다고 한다. 그러나 지금을 보자. 이 지구에서 한국말을 쓰는 사람이 많은가 다른 말을 쓰는 사람이 많은가. 100년 전, 200년 전만 하더라도 이 사실을 인정하지 못했다. 두려워서, 진실이 알려지면 혼란이 오고 무언가가 잘못될까 봐.

주님을 바라보며 주님을 믿을 때에는 주님의 법칙에 종속되므로 베드로도 물 위를 걸었다. 그러나 '바람이 분다'는 지구의 법칙을 인정하자 곧 물에 빠졌다. 그런데 주님이 베드로를 붙들고 배로 가서 앉자 이상하게도 바람이 그친다. 주님의 법칙이 온전히 그곳에 임한 것이다. 주님이 주님 되심을 보여 주기 위한 것처럼 말이다. 그때 제자들이 입을 모아 예수님께 "하나님의 아들이로소이다"라고 고백한다. 자신이 배워 왔던, 경험해 왔던 것들을 초월하는 일이 일어나자 그제야 주님의 법칙을, 예수님을 인정하는 것이다.

신약성경을 보면 유난히 병 고침과 특별한 사건이 많다. 그런데 사람들은 이것을 보고 의심하고 자신이 배운 지식으로 판단하며 심각해한다. 때론 믿을 수 없음을 고백하기도 한다. 자신이 알고 있는 지식과 다르기 때문이다.

성경에 나와 있는 특별한 일들은 그분이 우주 만물을 통괄하시는 하나님이라는 것을 나타내기 위함이지, 병만 고치려고 오신 분은 아니라는 관점에서 읽고 느껴야 한다. 지금도 주님이 만드신 온 우주의 법칙을 인정하고 이해하는 자에게는 병 고침뿐만 아니라 알 수 없는 신기한 일들이 그들의 삶 가운데 일어나고 있다. 마치 사도행전 29장을 쓰는 것처럼……. 그러나 대원군처럼 지구만을 고집하고 싶은 자는 영원히 대원군으로 남을 뿐이다.

물에 빠지는 것, 하루가 24시간인 것, 해가 동쪽에서 뜨는 것, 겨울에 눈이 오는 것 등은 지구에서만 일어나는 일이다. 지구의 법칙을 인정하고 살아가는 것은 좋지만 '그것만이 전부'라는 식의 좁은 견해는 그 사람에게 아무 희망도 못 주게 된다.

나는 한국에 가거나 다른 나라에 집회를 가면 내 마음에 선포한다. 도착하자마자 시간을 보며 오늘은 특별히 "하루가 36시간이다. 혹은 29시간이다"라고. "그러므로 졸리지 않은 거야" 하며 그 나라의 시간으로 밤이 올 때까지 낮인 것을 인정하고 눈을 붙이지 않는 습관이 있다. 그러다 보면 곧바로 시차에 적응한다. 비록 지구에 살아도 지구의 법칙만을 따르고 싶지는 않기 때문에, 좀더 넓게 하나님의 법칙, 온 우주의 법칙도 받아들이면서 살고 있다. 그래서 가끔씩 기이한 일들을 선물로 받는다.

마태복음 14장 36절에 예수의 옷자락에라도 손을 대는 자는 다 나음을 얻었다고 전한다. 정말 낫기를 원한다면 주님의 법칙을 따르는 것이 나을 가능성이 훨씬 많다.

의사도 약도 주님이 통괄하신다. 사람이 병 낫는 것이 의사의 힘으로만 되는 것은 아니라고 의사들의 입으로 직접 이야기하는 것을 들은 적이 있다. 그들도 모르는 일들이 자주 발생한다는 것이다. 죽을 줄 알았던 환자가 살고, 살 줄 알았던 환자가 죽는 경우들에서 의사들도 그런 말을 한다.

지구의 법칙은 주님의 법칙의 일부다. 우리가 주님을 인정하고 그 법칙에 순종할 때 우린 산다. 그러나 끝까지 지구의 법칙만 내세우면 결국 자신만 우울해진다. 지구는 우주에서 보면 점보다도 작은 존재다. 우리는 지구에 살지만 사실 우주에 사는 것이다. 어느 법칙을 더 믿어야 하겠는가.

주님의 법칙을 받아들이면 무언가 자꾸 나아지고 좋아진다. 그래서 웃게 되고 감사하게 되나 보다.

의지와 고집

*

*

*

사람에게는 일정한 에너지가 있다고 한다. 하루에 얼마만큼 일할 수 있는. 그래서 어떤 이는 매일 그 에너지를 쓰기도 하고 어떤 이는 그것들을 모았다가 한꺼번에 방출함으로써 서로 다른 일을 창출해 내기도 한다. 이런 말이 있다.

"예술가는 매일 출근해서는 예술을 할 수 없다."

예술을 하는 사람은 일반적으로 매일 출근하는 사람처럼 에너지를 매일 방출해서는 자신이 원하는 그 일을 해낼 수 없다는 것이다.

다시 말해 예술에 필요한 에너지는 회사원이 하루에 필요한 에너지의 양과는 비교할 수 없다는 것이다. 만일 하루 회사원에게 필요한 에너지가 10이라고 하면 예술가가 어느 작품을 위해 쓰는 에너지는 그것의 수십 배 혹은 수백 배가 되기도 한다. 그래서 음악인의 경우 한 번 음악회를 하고 나면 약 1년을 쉬는 것이 보통이며, 열 곡을 작곡하여 음반 하나를 냈다고 하면 다음 음반을 낼 때까지 길게는 3년, 5년도 걸리곤 한다. 그만큼 큰 에너지를 방출했기에 다시 모으려면 시간이 걸리는 셈이다.

화가의 경우도 매년 작품을 내놓거나 1년에 몇 번씩 작품전을 여는 사람은 없다. 그들에게도 큰일을 하기 위해서는 재충전의 시간이 필수적이기 때문이다.

나의 경우도 예전에 음악을 할 때 한 번 앨범을 발표하고 나면 약 2년을 쉬곤 했다. 그래야만 또 새 앨범을 준비할 수 있었다. 내 경우는 앨범의 수록곡을 거의 다 내가 만드는 곡으로 하길 원했기 때문에 어쩔 때는 약 3년까지도 쉬는 경우가 있었다. 그래서 일반 사람들(당시 내 음악을 기다리던 대중)이 "저 사람은 활동을 좀 하다가는 또 쉰다"고 이야기하곤 했는데, 그런 이야기는 자신이 곡을 쓰지 않고 1년에도 두어 번씩 앨범을 발표하는 음악인들과 비교해서 나온 말이 아닌가 생각된다.

어쨌든 우리가 일을 하기 위해서는 에너지가 필요하다. 그 에너지의 근원은 과학적으로 믿을 만하게 밝혀져 있지 않지만, 성경에서는 하나님이 주신 힘이라고 한다. 주님께서 인간을 만드시고 코에 불어넣으신 생기가 그 힘의 근원이 아닐까 생각해 본다. 사람이 기가 다 떨어져 죽음으로 들어갈 때, 그 생기가 소멸되어 결국 죽음을 맞이하게 되는 것이다. 우리 힘의 근원이 하나님으로부터 왔기에 주님이 마지막에 가져가시면서 우리 인생은 끝이 나는 것, 곧 이 땅을 떠나는 것이다.

초등학교 4학년 때 셋째 형님이 사 온 기타를 잡기 시
작한 것이 음악과의 인연의 시작이었다. 그때부터 중학
교 시절까지 기타를 안고 자기도 하고 심지어 화장실에도
가져갈 정도로 음악에 빠지기 시작했다. 기타를 원곡과 똑
같이 치기 위해 한 음절, 두 음절을 한자리에서 수백 번 이
상 듣기도 했다.

그런데 바로 이 에너지에 두 가지 개념이 있다. 하나는 긍정적인 방향으로 쓰는 힘이요, 또 다른 하나는 그 반대의 개념이다. 같은 에너지를 긍정적으로 쓸 때와 부정적으로 쓸 때 그 차이는 어마어마하게 달라진다. 나는 전자를 '의지'라고 표현하며, 후자는 '고집'이라고 부른다.

얼마 전, 내가 1980년대에 좋아하던 배우 실베스터 스탤론의 〈람보〉 마지막 편을 보게 되었다. 그리고 그 비슷한 시기에 〈록키〉의 마지막 편이나 다름없는 최근작도 보게 되었다. 나는 그 영화를 보는 내내 그에게 박수와 찬사를 보내지 않을 수 없었다. 그때 그의 나이가 만으로 62세였는데, 한때 운동을 안 해 풀어진 몸을 다시 근육으로 만든 몸에서, 그리고 작품에 임하는 태도에서 그 사람의 의지를 느낄 수 있었기 때문이다. 사실 그 두 작품은 흥행에 그리 성공하지 못했다. 그도 그렇게 흥행하지 못할 것을 알고 있었을 것이다. 그 분야에서 인생을 다 보낸 베테랑이기에……

그러나 그는 자신과의 싸움에서 포기하지 않은 것이다. 얼마든지 주어진 부와 명예를 즐기면서 여생을 살 수 있었는데도 그는 풀어진 자신의 몸과 마음을 다시 단련하며 어쩌면 마지막이 될지 모르는 그 작품들을 위하여 큰돈과 에너지를 쓰기로 마음먹은 것이다.

망가진 근육을 다시 만드느라 최선을 다한 흔적이 몸에서 뚜렷하게 보였다. 자신의 대명사와도 같은 람보와 록키가 아직 건재함을 그는 바로 자신에게 먼저 보여 주고 싶었던 것이다. 그리고 보여 주었다.

이러한 작업은 하루아침의 힘으로 되는 일이 아니다. 편해지고 싶은 자신의 욕망과 싸우며 늘 그만그만한 힘을 절제 있게 사용할 때 가능하다. 즉 '고집'으로 되는 일이 아니라 '의지'로만 가능한 일이다.

누구라도 거듭나기 전에는 성품이 매우 강하고 자기중심적이라는 말을 많이 듣는다. 성품이 강하다는 말은 고집이 강했다는 이야기가 된다. 그러나 아무리 강하다 할지라도 고집으로는 담배도 못 끊는다. 용서도 못 한다. 그야말로 매사에 작심삼일이다. 어쩌다 새벽 기도회를 가도 3일을 못 넘긴다. 자신이 불리해지는 일을 만나면 마음을 철창처럼 꼭 닫고 안 열어 준다. 이것이 바로 고집이다. 고집으로 미움이 커지고, 고집으로 담배를 두 갑씩 피우며, 고집으로 인사불성될 때까지 술을 마신다. 또한 고집으로 사람들을 피하고, 고집으로 쉽게 화를 내며, 고집으로 사람을 때리기까지 한다.

고집으로 주님을 멀리하고 술로 버티며, 고집으로 배우자를 용서 못 해 갈라서고, 고집으로 아이들을 사랑한다며 학대한다. 고집의 인간은 결국 죽음에 빨리 이르게 된다. 그것이 영의 죽음이든 육의 죽음이든…….

그러나 그 힘을 반대로 써보자. 의지로 한번 바꾸어 보자는 것이다. 20년 피워 온 담배를 끊는 데는 고집이 아니라 의지가 필요하다.

술을 절제하거나 끊는 데도 당연히 의지가 필요하다. 40일 새벽기도회를 끝까지 참석하는 것도 의지의 결과다. 이웃을 용서하는 것, 내가 져주는 것, 배우자가 좀 잘못하더라도 이해하고 서로 용서하며 사는 것, 자식이 잘못했을 때 야단치는 것이 아니라 위로해 주는 것, 폭식하고 싶은 마음을 절제하는 것, 주어진 약속을 자꾸 변경하지 않고 묵묵히 지키는 것, 어려운 사람을 돌보는 것, 성경을 읽었으면 말씀대로 따라 사는 것 등 나의 일반적인 욕구를 조절하는 기능은 오직 의지로부터 온다.

의지나 고집은 둘 다 우리 안에 있는 에너지를 태워 힘으로 만들어 사용한다. 에너지를 쓰고 안 쓰고가 중요한 것이 아니라 어떻게 쓰느냐가 중요하다. 그 에너지를 잘못 쓰면 나이가 육십이 넘어서도 딸 같은 아이들과 불장난하다가 철창신세를 지기도 한다. 그러나 그 에너지를 잘 쓰면 육십이 넘은 나이에도 젊은 사람들로부터 찬사와 존경을 받는다.

해답은 하나다. 우리가 힘을 쓰는 방향에 달린 것이다. '동'으로 갈 것인지 '서'로 갈 것인지. 아무리 악한 것도 선을 위해 쓰면 사람을 살리는 도구가 된다. 하지만 아무리 좋은 기계도 그것으로 사람을 때리면 무기가 된다. 이렇듯 방향이 중요하다.

내가 거듭나고서 가장 크게 느낀 것이 있다면 바로 이 의지에 관한 생각이다. 의지가 없이는 결코 선을 만들어 낼 수도 없고, 그것을 구경할 수도 없게 된다. 그리고 목회나 선교에 가장 필요한 것 중 하나는 자유의지에서 나오는 의지가 아니라 '주님의 뜻에 순종하려는 의지'라고 말하고 싶다. 목사도 신부도 다 사람이다. 그 사람 안에는 늘 선으로 가야 된다는 마음과 악으로 달리고 싶은 마음이 날마다 공존한다. 그 두 마음이 싸우는 사람은 그래도 가능성이 있는 사람이다. 하지만 대부분은 싸우려 하지도 않고 악으로, 지금 좋은 곳으로 그냥 달려간다. 고집 때문이다.

나는 이전에 특히 고집으로 손해를 많이 본 사람이다. 고집으로 가다 보면 그 끝이 나오는데, 그곳은 '사망'이라고 쓰여 있다. 겁이 많을수록 고집이 세다. 두려움이 많은 사람들이 한 고집 한다. 그런데 주를 제대로 만나면 두려움이 사라지기 시작한다. 담대해진다. 그래서 더 이상 고집을 부리지 않아도 된다. 자신의 뜻을 주 앞에 순종시키는 의지의 사람은 정말 담대한 사람이다. 그리고 이러한 담대함은 자신의 마음의 병들을 치료한다.

비 오는 밤 찬송 부르면서 공동묘지를 지나가지 못하는 사람이라면 그는 분명 고집이 의지보다 강한 사람일 것이다. 고집의 사람은 자기중심적이고 늘 걱정이 많다. 타인과 자신을 자주 비교한다. 그래서 늘 피곤하다. 그러나 의지의 결과를 한번 맛본 사람은 다시 의지를 시작하려고 기도하게 된다.

작은 일도 시작하고 끝을 맺으려면 의지 없이는 불가능하다. 고집의 사람은 늘 시작만 하다가 인생이 끝나 간다. 두려움이 많기에 현실에서 어려움이 오면 피하기 일쑤다. 그렇기에 일의 끝맺음은 없고 늘 시작만 있게 된다.

나는 의지가 뭔지 거의 몰랐던 사람이다. 그러나 주 안에서 의지를 배웠다. 그리고 배워 간다. 의지는 나를 변하게 하며, 아무리 과정이 힘들어도 결국 나를 행복하게 해준다. 그리고 마음의 병들이 치료되어 간다. 인생이 점점 아름다워지는 것이다. 생각지도 못했던 내 마음의 문제들을 보게 되면서, 오직 힘을 주신 주님께 의지하여 그 힘을 바르게 쓰려고 노력할 때 문제들이 하나씩 때가 되매 사라지는 것이다. 비로소 자신이 아주 형편없는 성품의 소유자였음을 깨닫게 된다. 이 깨달음의 과정이 바로 거듭남의 시작이다.

주님께 순종하는 의지로 세상 쾌락 끊고, 새벽기도 하고, 성경 말씀 읽으며, 절대 용서 못 할 것 같은 사람을 용서하며, 분노를 포기하고 사랑을 선택하며, 편안함을 포기하고 평안함을 선택하며, 나를 포기하고 주를 선택하며 살기에 그 삶이 아름답고 계속 더 아름답게 변해 가는 것이다.

오늘도 우리 앞에는 선택이 놓여 있다. 주님께 순종 못 하는 고집의 사람이 될지, 고집을 꺾어 순종의 사람이 될지는 잠에서 깬 아침마다 평생토록 해야 할 선택이다.

아쿠오

*

*

*

일반적으로 '듣는다'는 표현에는 두 가지가 있다. 하나는 들려오는 이야기를 그냥 들음이요, 다른 하나는 귀 기울여 신경 써서 듣는 것이다. 영어로는 각각 'hear'와 'listen to'라 할 수 있다. 그래서 음악이나 강의를 주의 깊게 들을 때는 'listen to'라고 하는 반면, 지나가다가 누가 나를 부르는 소리를 듣는 경우는 'hear'라는 동사를 쓴다. 내가 스스로 찾아 듣는 것과 들려오는 소리를 듣는 것의 차이다.

마태복음 18장 15절에 다음과 같은 이야기가 나온다.

네 형제가 죄를 범하거든 가서 너와 그 사람과만 상대하여 권고하라 만일 들으면 네가 네 형제를 얻은 것이요

여기서 "만일 들으면"이란 표현에 있는 '듣다'라는 단어는 헬라어

원문에 아쿠오ἀκούω가 쓰였는데, '듣다', '경청하다', '주의하다', '들어서 깨닫다'라는 의미다. 즉 적당히 듣는 것이 아닌, 경청하고 들어서 깨닫기까지 하는 것을 말한다.

마태복음 18장 15-17절에, 네 형제가 죄를 범했을 때는 권고하고 그가 들으면 형제를 얻은 것이요 그렇지 않으면 이러이러하라고 말씀하시는 그 중요한 대목, 즉 사람이 하나님께 용서받고 다시 돌아오는 것 혹은 회개치 않아 이방인처럼 되는 그 중요한 일이 바로 '아쿠오'라는 한 단어에 달렸다는 것이다. 그 사람이 아쿠오 하는가 안 하는가에 따라 주님의 사람이 될 수도 있고 이방인처럼 주님과 아무 관계없는 사람이 될 수도 있다는 말이다.

그렇다면 사람이 왜 아쿠오를 하기 힘들까. 들어도 들어도 깨닫지 않으려는 이유는 무엇일까. 물론 전혀 와 닿지 않는 경우도 있겠지만 지금 이야기는 그런 사람을 말하는 것이 아니라, 마태복음 18장 15-17절 앞뒤 문맥으로 보아 잘 믿던 형제가 죄를 지은 경우임을 알 수 있다. 그러므로 당연히 그 형제는 과거에, 즉 죄를 짓기 전만 하더라도 아쿠오를 잘하던 형제였음을 본문은 암시하고 있다.

그런 형제가 갑자기 혹은 어떤 이유로, 잘하던 경청을 안 하게 되었겠는가?

먼저 나에게 진리가 들려오면 가장 먼저 일어나는 반응이 내 식대로의 질서가 깨지는 것이다. 운동력 있는 말씀이 들려오기에 그 말씀을 경청하는 것은 곧 나의 그동안의 질서를 깨뜨리는 것을 의미하고, 이어서 내적인 혼란을 받아들일 각오가 되어 있는 경우에만 가능한 것이다.

히브리서 4장 12절은 "하나님의 말씀은 살았고 운동력이 있어 좌우에 날선 어떤 검보다도 예리하여 혼과 영과 및 관절과 골수를 찔러 쪼개기까지 하며 또 마음의 생각과 뜻을 감찰하나니"(개역한글)라고 말씀하신다. 고요하던 나의 세계에 갑자기 운동력이 있는 말씀이라는 물체 하나가 들어와서 나의 고요함과 생활을 뒤흔들게 된다는 것이다.

사람은 늘 상황에 대처하여 마음의 평화를 이루려는 본능이 있다. 어떠한 죄를 짓고 나서도 스스로 '괜찮아, 남도 하는 거야, 괜찮아질 거야' 하며 마음에 평정을 이루려는 것이 우리 심리의 기본적인 원리다. 그렇기에 자신의 나이에 걸맞게 '마음의 자동 안전장치'가 되어 있어 외부의 새로운 원리나 이치가 들어오는 것을 싫어하고 두려워한다.

나이가 많을수록 무엇이 진리인 줄을 알면서도 현 상태 그대로 살려고 하는, 즉 남은 삶에 불안을 일으키려 하지 않는 자동 안전장치가 마음에 있다는 것이다. 그래서 나이 오십이 넘어 주를 영접하는 것은 매우 드문 예이며, 어느 교단에서는 만 50세가 지나 세례를 받거나 주를 믿는 경우엔 큰 축복의 파티 같은 것을 해주는 경우도 있다.

이렇듯 누구든 자신의 평화가 깨지는 것을 원치 않는다. 그래서 교회는 많아도 회심자는 얼마 없다. 진리에 대해 어느 정도 알지만 세상을 적당히 즐기면서 교회 다니길 원하지, 나날이 성화되어 가는 길로 들어가길 원치 않는다. 성화라는, 그리스도를 닮아 가는 길에 합류한 사람들에게 박수는 보내지만, 자기가 그곳으로 가기는 꺼리는 것이다.

그래서 듣는 것이 어렵다. 아니, 두렵다. 가능한 한 나의 가슴에 큰 감동과 뜨거움을 줄 것 같은 이야기나 상황은 피하려고 한다. 그래서 교회를 주일에만 나오려는 사람이 많은 것이다. 이 정도가 좋지 어느 선을 넘어가 예수 그리스도의 제자가 되는 것을 사실 별로 원하지 않는 것이다. 그래서 많은 사람들이 오지奧地 선교사를 존경하면서도 자신의 아들이나 딸이 오지 선교사로 가려고 하면 가정에서 적지 않은 난리가 일어나는 경우가 태반이다.

또한 아쿠오는 후유증이 있다. 혼란으로 끝나는 것이 아니라 이제 그 혼란을 다시 평안으로 만드는 작업을 해야 하기 때문이다. 그런데 이번에는 내 마음이 원하는 대로가 아닌 성경에서 말씀하시는 대로 해야만 평안으로 가기에, 나의 자동 안전장치와 나의 새로운 마음이 싸움을 하게 된다.

즉 옛 모습의 마음과 그리스도의 마음이 처절한 싸움을 시작하게 된다. 마치 우리 몸이 병들었을 때 치료를 위해 병든 세포에 약을 주사하거나 투여한 경우, 나쁜 병균과 약의 힘을 얻은 세포가 싸우듯이 말이다.

이러나저러나 사람의 마음에는 스스로 평안으로 가려는 자동 장치가 있기에 이제 말씀을 받아들인 사람은 그 말씀을 인정하지 않고는 평안으로 갈 수가 없다. 그래서 때로는 알면서도 받아들이기 힘든 것이다.

결국, 다시 평화를 재건하려면 나의 고집, 나의 경험, 나의 지식 등을 버리고 새로운 체계에 나를 맡겨야 그때서야 마음의 평화가 다시 찾아오므로 나를 비우는 작업을 시작할 수밖에 없게 된다.

전에는 붉은 평화였으면 이제는 파란 평화라고나 할까. 혹은 전에는 자기만족이라고 한다면 이제는 온전한 그리스도 안에서의 평화라고 할 수 있다. 조금 힘들지만 이 과정을 참아 낸 사람들은 결국 그리스도의 치유와, 조건을 넘어선 '무제한, 무조건의 기쁨'을 누리는 그리스도의 사람으로 다시 태어나게 된다.

성경에 '아쿠오'는 신약성경에만 약 430번 나온다. 왜 그렇겠는가. 그리스도인이 되는 첫 과정이 들음에서 시작되기 때문이다. 경청하여 듣지 않으면 안 들은 것과 똑같다. 그래서 교회는 많지만 회심자는 찾아보기 어려운 시대에 살고 있다.

이 말은 그만큼 주님의 역사가 일어나기 힘들다는 것이다. 주님의 말씀을 주님의 말씀으로 받을 때 비로소 그 말씀이 역사한다고 데

살로니가전서 2장 13절은 말씀하신다. 나의 평화가 깨지더라도 말씀을 받아들여 새롭게 마음을 만들어 가기로 굳은 결심을 하지 않는 한 하나님의 역사는 늘 성경 속 옛이야기로 그친다.

지금도 주님과 늘 교통하며 사는 사람이 있는가 하면, 한편으로는 몸만 교회에 왔다갔다하는 걷기 운동하는 사람도 꽤 있다. 그런 상황에서 하나님의 어떤 놀라운 역사를 기대해 보겠는가.

아쿠오는 아무나 할 수 있는 것이 아니라 낮아지기로 한 자에게만 가능한 이야기다. 내가 낮아지지 않고는 들을 수도, 치료받을 수도 없고, 이 나이까지 살아온 것을 바꿀 방법 또한 없다는 것. 그래서 주님은 낮은 곳을 사랑하신다. 이미 낮은.곳에 머무는 사람은 그저 겸손히 말씀을 받기로 결심한 헌신된 자이기 때문이다.

오늘도 살아 계신 그분의 임재를 마주하기 위해서는 낮고 낮은 마음과 자세여야 할 것이다.

공황장애와 오래 참음

*

*

*

　이전 책《내 아픔 아시는 당신께》에서 말한 것처럼 내게는 1981년 10월부터 '공황장애'라는 가시가 따라다니기 시작했고, 그 가시야말로 살아오면서 가장 고통스럽고 가장 나를 힘들게 한 경험이었다. 많이 아플 때는 내가 가진 것 다 주더라도 건강과 바꾸고 싶었고 예전의 건강이 그리워 가끔 목 놓아 울기도 했다. 이렇게 사느니 인생을 끝내 버리는 게 어떨지를 자주 생각했고 늘 나를 만취 상태로 몰아갔다.

　그러나 그렇게만 끝난 것이 아니라, 그 장애는 내가 주께 돌아오는 데 결정적인 영향을 끼치기도 했다. 나는 원래 세속적인 것을 누구보다도 사랑했기에 도저히 주께로는 돌아가고 싶은 마음이 단 1퍼센트도 없는 사람이었다. 세상을 사랑하고 세상에 미련이 늘 남아 있었기에, 공황장애를 주님이 사용치 않으셨다면 내가 주께 돌아가는 일은 결코 없었을 것이다.

이 병은 정말 나를 힘들게 했다. 그래서 나는 급기야 손을 들게 된 것이다. 어느 누가 영원히 아프고 싶겠는가. 나는 병을 고쳐 준다는 예수라는 분께 나를 맡기고 싶었다. 그래서 낫는다면 무엇과도 바꿀 수 있었기에, 평안을 준다는 예수 그리스도께 나를 던진 것이다.

누군가 말했다. 아픔에 반응하는 것이 사람마다 다 같은 것은 아니라고. 고난에 처하거나 병이 들었을 때 그것을 긍정적인 상황으로 몰고 가는 사람이 있는가 하면, 반대로 극도의 부정적인 상황으로 몰고 가는 경우도 얼마든지 있다. 같은 일을 당했는데도 어떤 이는 그 일로 새로운 삶을 살게 되고 어떤 이는 목숨을 끊는 일까지 벌어진다.

그래서 혹자는 말한다. 인생이란 사건의 연속이 아니라 사건에 대한 자신의 반응의 연속이라고.

거듭나기 이전에는 몸이 아프면 속수무책이었고 피하기 바빴다. 약속도 느닷없이 취소하고(갑자기 아파서) 어느 잔칫집에 갔다가 힘들어서 차에서 쉬는 경우도 종종 있었다. 약도 먹지만 어느 한계까지만 나를 도와줄 수 있었다. 그뿐 아니라 한번 무슨 일 하다가 힘들어서 놀란 경험이 있으면 다음에는 그것을 다시 하려고조차 않게 되니 삶의 반경이 자연히 줄어 가고 있었다.

그래서 단순히 한 사건으로 시작된 나의 지병은 여러 면에서 나를 피곤하게 했다. 운전하는 것, 비행기 타는 것, 밥 먹는 것, 운동하는 것, 엘리베이터 타는 것, 방송 출연하는 것, 타인 앞에 서서 말하거나 노래하는 것, 혼자 있는 것 등 삶에서 나를 안 따라다니는 곳이 없었다.

결국 나는 주 앞에 무릎을 꿇었고 주님은 내게 응답하셨다. 그런데 그 응답이 하루아침에 번쩍하며 예전 몸이 된 것이 아니라 아주 조금씩 나의 노력을 요구하시며 치유의 길로 가게 하셨다. 그러나 이유 없이 차오르던 숨은 어느 날 나도 모르게 끊어졌다. 그야말로 그것은 번쩍이었다.

나머지들은 세월을 두고 주님께서 나를 만들어 가셨다. 내 성품 가운데 문제 있는 것을 먼저 고치시면서 병도 고쳐 가셨다. 여기서 얻어진 지혜가 바로 '오래 참음'이다.

나는 겉으로는 강하지만 속으로는 허약한 사람이었는데, 그 속의 허약함을 강함으로 바꾸어 주셨다. 그렇게 바뀌는 데는 반드시 나의 땀 흘리는 노력을 필요로 하셨다.

숨찬 것이 해결된 시점에 나는 용서를 온전히 배운 것 같다. 그 이전만 해도 목사라고 하면서도 아직 마음에 다 용서하지 못한 부분이 있었다. 그런데 언젠가 새벽기도 중에 하나님은 내 뒤틀어진 모습을 보게 하셨고, 나는 그것을 회개하며 기도하던 중 비로소 타인을 용서할 수 있는 사람이 되어 가기 시작한 것이다.

나에게 상처를 준 사람들, 내 육신의 아버지와의 관계, 늘 비교 대상이 되어 왔던 사람들 등 내 마음의 분노의 사슬 안에 가둔 사람이 너무 많았다. 나는 기도하면서 그 사람들을 하나둘씩 마음에서 떠나보냈다. 용서와 함께……

그러한 작업을 거치는 동안, 십여 년간 나를 괴롭힌 숨차 오르는 증상이 떠나간 것이다. 의학적으로는 잘 모르지만 마음에 있는 분노가 나를 숨차게 하지 않았나 하는 생각이 든다.

이 과정을 지나면서 느낀 것은 오히려 그들에게 내가 용서받아야 할 존재라는 것이었다. 이것을 깨닫기 시작하면서 많이 울었다. 한번은 돌아가신 아버지께 너무 죄송해서 "죄송합니다……"를 계속하며 회개의 시간을 갖기도 했다.

확실한 이유는 모르지만 어쨌든 숨찬 증상은 대단원의 막을 내렸다. 그러나 아직도 넘어야 할 산이 많았다. 그 과정은 또 다른 방법인 '오래 참음'을 배우면서 시작되었다. 고린도전서 13장을 보면 사랑에 대한 15가지 특성이 나오는데, 신기하게도 사랑은 "오래 참고"로 시작해서 "모든 것을 견디느니라"로 끝맺고 있다(13:4-7). 즉 참고 참고 그것이 힘들면 견디기라도 하라는 것이다.

대부분 사람들은 자신이 참을 수 있는 선을 정해 놓는다. 그리고 그것을 넘어서면 못 참고서 화를 내든지, 있던 곳에서 뛰쳐나가든지 한다. 그러나 성경에서 말씀하신 오래 참는다는 것은 시간이 정해진 것이 아니다. 그리고 모든 것을 견디라고 했지 어느 부류의 것들만 견디라고 하지 않으셨다. 그 시간과 종류는 주님이 정하시는 것이지 내가 정하는 것이 아니라는 것이다.

바로 이 지점에 치료가 있었다. 그동안 나는 내가 모든 것의 주인이요, 결정자였다. 참을 기간도, 참을 대상도 내가 정했던 것이다. 그러나 거듭남이라는, 주님이 주인 되시는 그 일을 통과하고 나면서, 이제 구시대의 유물을 하나씩 버려야 하는 것이 바로 성화의 과정이요 나에게는 치료의 과정이라는 것을 깨닫게 되었다.

그중 하나가 바로 'I want'에 대한 개념의 깨달음이다. 사실 우리는 하루에도 수십 번 혹은 그 이상 이 말을 한다. 무언가를 먹고 싶다, 자고 싶다, 교회 가고 싶다, 놀고 싶다 등. 그러나 하기 싫다고 표현되는 것들도 가만히 그 안을 들여다보면 'I want'가 숨어 있음을 알게 된다. '하기 싫다'라는 표현은 '하지 않는 것을 원한다'라는 표현의 다른 말이다. '비행기를 타고 싶지 않다'는 '비행기 안 타기를 원한다'라는, 심리적인 측면에서 보면 'I want'의 개념이 되는 것이다.

그렇기 때문에 우리가 만일 하고 싶은 것을 통제할 수 있다면 하기 싫은 것도 통제가 가능하다. 이것이 바로 훈련의 목적이고 주님이 나에게 훈련시키신 부분이었다.

우리는 아무 생각 없이 먹고 싶은 것을 먹고, 하고 싶은 것을 스스럼없이 하고 산다. 그러나 그래 가지고는 어려움을 이겨 내는 것은 불가능하다. 고통을 이겨 내려면 평상시에 하고 싶은 일에 대한 욕구를 조절할 수 있는 능력이 내 안에 길러져야 한다. 이것이 바로 주님의 제자 되는 길이기도 하며, 개인적으로 나에게는 병마를 이겨내는 길이기도 했다. 그래서 언젠가부터 나는 심하고 혹독한 훈련을 받게 되었다. 하고 싶은 것을 참는 훈련, 먹고 싶은 것을 안 먹는 훈련, 하고 싶은 말을 안 하는 훈련을 조금 세게 받은 것이다. 처음에 이것은 나의 병과의 관계를 전혀 모르는 상태에서 시작되었다.

언젠가 집회를 가는데 기도하고 비행기를 타면 넓은 좌석으로 옮겨지는 것을 많이 경험하여 그런 행운을 간증하기도 했다. 하지만 시간이 좀 흐르자 이상하리만큼 좁은 좌석으로 비행기를 타게 하셨다. 나는 기도하면서 견딜 수밖에 없게 되었고 자꾸 견디어 승리하다 보니 나중에는 좌석 자체에 그리 마음을 두지 않게 되었다. 한때 내 기도 제목이 '비행기를 타고 싶어지게 해주세요' 혹은 '공항만 가면 기뻐지게 해주세요'였는데, 그 이유는 집회가 많아서 비행기 탈 일이 많았기 때문이다. 그런데 기도한 대로 요사이 거의 그렇게 되었다. 정말 신기한 일 아닌가.

예전의 내 성격은 참는 것과는 거리가 멀었다. 그러나 이제는 웬만하면 참는다. 그리고 신기하게도 그 일을 잊어버린다. 그러다 보니 애들에게 나무랄 일도 참고, 아내에게 잔소리할 일도 참고, 먹고 싶어도 참고, 때로 시차적응 때문에 자고 싶어도 참고, 하고 싶은 말이 있어도 안 하고 기도하고, 가고 싶은 곳도 일부러 안 가고 참는 연습을 하고, 그러다 보니 성격 자체가 많이 변했다. 다른 사람이 보기에는 다른 사람이 되었다고 한다. 집사람도 그런 이야기를 한다.

참지 못하는 성격은 사실 사치스러움이다. 다시 말하면 세속적인 성품이라는 것이다. 그리스도 안에 들어오면 무엇을 가장 먼저 해야 하는가. 바로 이웃 사랑이다. 그런데 참지 못하는 욱하는 성격으로 어떻게 이웃을 사랑할 수 있겠는가. 어쩌다 한두 번은 하겠지만 1년, 10년, 남은 여생 동안, 그런 참지 못하는 성격으로 타인을 계속 사랑할 수 있을까.

그러나 오래 참는 사람은, 그래서 모든 것을 견디는 사람은 이웃을 사랑하려고 노력하고 또 사랑할 수 있게 된다.

나는 이러한 과정을 거치면 공황장애가 호전되리라고는 상상도 못했다. 그야말로 주님께 순종했더니 덕을 본 셈이다. 지금은 혼자 운전도 하고, 고속도로를 다섯 시간 이상 달리기도 하고, 배 타는 일은 즐거운 일이며, 모든 것에 자유로워졌음을 주님께 감사드린다.

하지만 100퍼센트가 아닌 것에 더 감사드리고 늘 '나의 가시' 덕에 기도할 수 있어 더 감사드린다. 지금도 가능하면 어떤 환경에 처해도 나의 자유의지를 발동하여 중간에 멈추는 일은 하지 않으려고 노력한다. 한번 그러면 다른 곳에서 다른 일을 하다가 갑자기 나를 이기기 힘들 때가 생기기 때문이다. 자유의지를 쓸 때도 있지만 참는 것에 있어서만은 자유의지를 잘 쓰지 않는다. 그것이 내가 건강해지는 길이기에.

한때 우울증으로도 고생했다. 지금도 그러한 기미가 전혀 없는 것은 아니다. 우울증은 아니더라도 약간의 그런 감을 가끔 느낄 때가 있다. 그래서 난 기도할 수밖에 없다. 내 마음의 평화를 위해서.

나는 마음이 늘 평안한 자를 보면 부럽다. 소위 2대, 3대째 목사 집안이나 믿음의 집안에서 나온 목회자를 보면 은근히 부러울 때가 있다. 그들의 쌓인 기도와 그리 투쟁하지 않아도 되는 마음이 때론 부러운 것이다. 사실 나는 날마다 그 무언가와 싸우기 때문이다.

그래서 아침에 일어나면 장소가 어디든 기도를 하지 않을 수 없다. 어떨 때는 '옛 모습' 반, '지금 모습' 반으로 잠에서 깰 때가 있다. 그럴 때 마음은 뭐라 표현하기 어려울 만큼 힘들다. 마음이 양쪽으로 찢어지니 어떻게 표현할 수 있을까……. 그래서 구석방으로 달려가 기도를 시작하지 않을 수 없다. 그렇게 일정 시간 동안 기도하고 나면, 반드시 어제 읽었던 그다음부터 성경 말씀을 온 마음을 집중해 읽고 묵상한다. 그렇게 하길 어느 정도 지나면 다시 마음의 평안이 오며 인간에서 예수 그리스도의 제자로 돌아오게 된다. 거듭남 이후로 지금까지 한 번도 새벽에 그 경건 시간을 거른 적이 없다. 아니, 거를 수가 없다. 거른다면 그다음 일을 못하기 때문이다.

참는다는 것은 반드시 기도와 함께 행해져야 할 것이다. 무작정 어금니 깨물고 참는 것은 잠시 효과는 있을지 몰라도 영원한 치유와는 관계없다.

지난겨울 새벽기도를 다녀오다가 찍은 사진.
새벽기도를 마치고 올 때면 마음이 천국이 된다. 그래서 보이는 게 다 달라 보인다.

그렇게 계속하다 보면 성품도 변하고, 좋아하는 것도 바뀐다. 그쯤 되면 공황장애라는 단어와 나는 관계가 없어지게 된다. 얼마 전 인터넷에 공황장애 증상을 체크하는 항목 열 가지가 있었는데, 그중 세 개 이상이 해당되면 전문가에게 문의해야 한다고 했다. 재미 삼아 해보았는데 하나도 해당 사항이 없었다. 하나님의 일은 세상일 위에 존재하기에 그런 것과 부딪치질 않는다.

주님의 사람이 된다는 것은, 세상과 상식을 인정하지만 그 위에 있게 되는 것을 말한다. 하나님 역시 상식을 무시하시는 분이 아니라 상식을 초월하시는 분임을 나는 성경을 통해 알게 되었다.

나의 예전과 혹시 비슷한 상황에 있는 사람이라면 지금까지 말씀드린 방법을 권해 드리고 싶다. 예수 그리스도 외에는 나를 고칠 자가 없음을 경험을 통해 알았다. 예전에 안 가본 병원 없었고, 심지어 부적을 태워 먹은 적도 있었다.

'오직 예수'라는 말이 이제는 절대적으로 실감이 간다. 신앙이 나에게는 현실이기에.

우리가 주목하는 것은 보이는 것이 아니요 보이지 않는 것이니
보이는 것은 잠깐이요 보이지 않는 것은 영원함이라 (고린도후서 4:18)

생명으로 가려면

*

*

*

2010년 한국을 방문했을 때 많은 것을 깨달았는데, 무엇보다 '인간의 삶과 그리스도의 생명'에 관한 귀한 결과들을 미리 보고 오게 되었다. 그리스도의 숨결이 없는 인간의 삶이 어떻게 끝으로 가고 있는가를 직접 보고 들은 시간이었고, 그래서 마음이 많이 아프기도 한 시간이었다.

우리는 성경을 통하여 '살아 계신 하나님의 역사'라는 약간은 신비스러운 말들을 종종 듣게 된다. 하지만 그러한 하나님의 일하심이 결코 신비로만 남아 있지 않은, 더 이상 신비가 아닌 현실을 보고 듣는 계기가 되었기에, 또다시 성경의 무오성無誤性과 주님의 틀림없으심을 확인하게 되었다.

젊어서는 누구나 비슷해 보인다. 잘난 사람, 못난 사람, 주를 사랑하는 사람이나 악을 사랑하는 사람이나……. 그러나 어느 정도의 세월이 흘러 강산이 한두 번 변하면 그리스도의 말씀을 따라 사는 가정과 그렇지 않은 가정이 상당한 차이가 날 수밖에 없음을 그렇게 보게 될 줄은 몰랐다. 예를 들면, 전혀 문제가 없어 보이던 친구와 그 가정이 쉽게 깨지고, 건강이 악화되어 누군지 몰라볼 정도가 되었으며, 예전에 그 괜찮던 외모와 그를 지켜 주던 명성은 어디로 갔는지 그냥 세월 속에 묻혀 버린 사람들이 되고 말았다.

이들의 주머니에 돈은 조금 남아 있겠지만 그것으로 술과 어둠의 생활을 하며 점점 수렁에 빠지는 모습으로 인생을 허비하는 반면에, 젊어서부터 주를 잘 믿으며 살아온 사람들은 앞서 예로 든 사람들과 비슷한 직업과 명성으로 젊은 나날을 보냈어도 이상하리만큼 별문제 없이 각자의 나이에 걸맞게 더 아름다운 모습이었다.

이는 무엇을 말하는 걸까. 한 부류는 주 예수를 계속 따라왔으며 한 부류는 자신의 뜻을 따라 산 것뿐이다. 그런데 바로 그 예수 그리스도라는 존재의 살아 역사하심, 혹은 그분의 일하심은 우리의 생각 이상으로 그들의 미래를 바꾸어 놓았다는 것이다. 그리고 우린 이러한 점을 쉽게 생각할 수 없다는 것, 그것을 또 한 번 배우는 계기가 되었다.

마태복음 19장 17절에 "네가 생명에 들어가려면 계명들을 지키라" 하신 예수님의 말씀이 떠오른다. 즉 '살고 싶으면 그리스도 예수를 붙들라'는 이야기다. 얼마 전 뉴욕에서 집회 후 예전 음악 후배를 잠깐 만날 기회가 있었다. 한참 이야기를 하던 중 그 후배가 불쑥 하는 말이 자신도 신학교를 가야겠다는 것이었다. 평생을 복음을 전하는 사람으로 살고 싶다는 말이었다. 그러고 나서 그가 하는 이야기는 내 마음을 흔들어 놓았다. 이야기인즉슨, 그가 젊어서부터 알고 지내던 음악 선배들 가운데 주를 잘 믿는 몇 사람을 빼고는 모두 상황이 말하기 어려울 지경이 되었다는 것이다.

난 마치 구약의 사람이 된 기분이었다. 소돔과 고모라 성에서 빠져나온 것 같은 착각을 일으켰다. 정말 그 후배 말대로 미처 빠져 나오지 못한 친구, 선후배들은 모두 어려운 길로 가고 있었기 때문이다. 물론 지금 이 글을 읽는 분들 가운데 자신은 아직 아무 이상이 없다고 여기며 내 이야기를 좀 이상히 생각할 수도 있을 것이다. 그러나 주님이 주시는 열매는 하루아침 혹은 몇 년 만에 쉽게 나타나는 것이 아니며, 내가 지금 하는 이야기는 약 25년이라는 세월의 흐름 속에 나타난 일들을 보고 그 결과를 말하는 것이다.

25년 전에는 그가 자살하리라고 상상도 못 했으며, 그렇게까지 인생이 망가지리라고는 생각하기 힘든 위치에 있던 사람들이었다. 당시에는 모두가 아름다운 선남선녀였기에.

그러하기에 "생명에 들어가려면 계명들을 지키라"고 하시는 말씀이 그냥 지나쳐 들리지가 않는 것이다. 그렇다면 계명이 무언가.

그것은 우리가 이 지구에서 잘 살기 위해 주님이 주신 '인생 사는 법'이라고 풀어 이야기할 수 있다. 누구라도 빈부귀천에 관계없이 생명을 얻으려면 계명을 지켜야 한다. 주님 주신 계명만이 나를 살리기 때문이다(시편 57:2).

사랑, 용서, 부모 공경, 절제 등 이러한 주님의 말씀이 결국 누구를 위한 것인가. 사랑도 하는 사람이 아름다워진다. 용서도, 부모 공경도, 절제도. 주를 잘 믿는 사람은 얼굴이 나날이 환하게 변한다. 깊은 내면의 기쁨이 있다. 잠시 잠깐 괴로워도 결국 넉넉히 이겨 낸다.

그러나 주를 따르길 싫어하는 사람은 당시에는 좋아 보이는 길로 가지만 결국 과음으로 인한 병, 용서치 못함으로 인한 분노, 절제하지 못함으로 인한 가정 파탄 등 그 부작용이 생각보다 심각하다.

예를 들어 주를 모르는 한 남자가 평생 한 여인을 사랑하기란 쉬운 일이 아니다. 더욱이 동물의 세계에서는 불가능한 일로 여긴다. 그러나 자신이 하나님의 자녀라는 것을 깨닫는 순간 그것은 더없이 쉬운 일이 된다. 자신의 배우자는 바로 주님이 허락하신 귀한 하나님의 딸, 아들임을 인정하기 때문이다. 그 인정은 우리의 마음을 바꾸어 놓는다. 그래서 할 수 있다. 이처럼 주님의 말씀이 '나의 인생에 존재하는가 아닌가'는 일생 중 가장 중요한 결정을 해야 할 때 큰 영향력을 미치게 된다.

또한 생명으로 가려면 마태복음 19장 21절에 "네가 온전하여야 한다"고 말씀하신다. '온전하다'라는 단어는 완전함을 가리키는 것이 아니라 주님 보시기에 합당한 것을 말한다. 겉으로는 연약하고 잘못된 것같이 보이는 것이 주님 보시기에는 오히려 온전해 보일 수 있다.

주로 세상에 큰 악을 저지르는 사람들은 무척 건강하고 거의 완전에 가까운 듯한 사람들이다. 그러나 주 안에서 큰일을 해내는 사람은 보기에도 초라하고 왜소하며, 심지어 장애가 있는 경우도 많다. 그것을 주님은 온전하다고 하시는 것이다.

사도 바울도 주님이 허락하신 그 가시 때문에 건강한 청년 사울에서 연약하지만 온전한 바울이 될 수 있었다. 주의 일꾼들이 건강이나 소중한 것을 잃고서 비로소 온전한 자가 된 경우는 무척 많다. 다시 말하면 사람은 아쉬울 게 없을 때는 주님 보시기에 아름다우려고 노력하지 않는다는 것이다.

예수님은 마태복음 19장 21절에서 계속 말씀하신다. "네가 온전하고자 한다면 네 소유를 다 팔아 가난한 자들에게 주고 나를 따르라"고. 즉 자신만 생각하는 수준에서 타인을 생각하는 사람으로 변해 갈 때 온전해지기 시작하며, 바로 이것이 온전해짐의 첫걸음이다. 기독교를 오랫동안 믿고 따르면서도 자신밖에 모르는 사람이 있는가 하면, 믿은 지 얼마 되지 않았지만 말씀대로 나보다 타인을 더 생각하는 사람이 있다. 온전하려면 말씀을 마음에 새기는 것이 중요하다. 마음에 새긴 자만이 그렇게 살기 때문이다.

우리가 만일 온전하고자 한다면 나의 말과 행위가 타인에게 어떤 영향을 끼칠까 생각하는 사람이 되어야 한다. 그렇지 않다면 이 북아메리카를 힘으로 지배한 백인 그리스도인들과 우리는 다를 게 없게 된다. 그리고 생명과는 관계없는 사람이 되고 만다.

예수님의 이러한 말씀을 들은 청년은 근심하며 갔다고 마태복음 19장 22절은 전하고 있다. 근심했다는 것은 마음속에 두 마음이 싸우고 있다는 얘기다. 아예 말도 되지 않는다고 청년이 생각했다면 근심이라는 단어는 없었을 것이다.

이처럼 무엇이 옳은지 무엇이 틀린지 알아도, 근심하느냐 믿음으로 해내느냐의 차이가 있는 것이다. 그리고 그 차이는 결국 사망과 생명이라는, 생각보다 큰 결과로 종결지어진다.

과음을 하면서, 노름을 하면서, 간음을 하면서……이것이 옳은 일이라고 생각하는 사람은 1퍼센트도 되지 않을 것이다. 다만 근심하다가 한쪽으로 기운 것이다. 힘들어도 죽기까지 복종하며 자신의 신앙을 지키는 사람과 그렇지 못한 사람, 이 두 경우만 마지막에 남게 된다.

그러나 하나님을 아는 사람은 그 복종이 '쉴 만한 물가로 가는 길'이라는 사실을 이미 여러 번의 시행착오를 통해 알고 있기에, 그 순종을 그리 어렵지 않게 생각하며 해낸다. 나보다 나를 더 잘 아시는 주님이라 고백하게 되며 웃으면서 따르게 된다. 그분은 반드시 밝은 미래를 주시는 분인 것을 알기 때문에…….

우리는 오늘을 살지만 동시에 미래를 그리며 산다. 오늘의 나의 행위라는 붓으로 나의 미래를 하루하루 그리면서 그 그림이 완성되도록 사는 것이다.

자신의 미래를 스스로 망치길 원하는 사람은 아무도 없다.

그러나 많은 사람들이 지금의 욕망에 눈이 어두워 오늘도 이상한 그림을 그리며 살고 있다. 그것이 자기 미래의 자화상이라는 사실을 모른 채. 누구라도 자신이 그린 대로 10년, 20년 뒤에는 그렇게 살아야 한다는 것이 삶의 법칙, 주님의 법칙이다.

오늘 나의 행동 하나가 나의 20년 후, 아니 내가 세상 떠난 뒤에도, 내가 상상할 수 없는 일들로 가득 찬 미래를, 주님 주신 도화지에 그리고 있다는 것을 늘 기억하자.

주님을 알면, 마음에 그분을 깨달으면 바로 이러한 사실을 알기에 오늘을 겸허히 그리고 아름답게 살고자 노력하게 된다. 그것이 미래의 나, 그리고 내 후손들의 현실이기에……

변덕

*

*

*

인생을 살아오면서, 또 주를 만나 새 삶을 살아오면서 인간을 자주 무력하게 만드는 것 중 하나를 뽑으라면, 마음의 변화로 인한 '변덕'이라고 하겠다.

어떤 일을 잘하다가도 어느 날 마음의 어려움이 생기면 이 변덕은 결국 그 일을 끝내지 못하게 만든다. 그러곤 우리는 그것이 마치 하나의 일반적인 현상인 양 어느 기관에서 조사한 통계를 이야기하며 마음의 변덕을 별 대단치 않은 일로 여기곤 한다.

많은 사람들이 마지막 며칠 혹은 몇 시간을 못 참아 '대어'를 놓치는 경우를 주위에서 많이 보고 경험했을 것이다. 그럼에도 우린 이 '변덕'을 알면서도 매번 질 수밖에 없는 것은 무슨 이유일까.

우리에게는 본능이 있고, 후에 발달되어진 이성이라는 것이 있다. 신앙인이라면 나의 '옛사람'이 있고, 주 안에서 '거듭난 자아'가 있다. 이 두 가지의 조화가 깨진 것을 변덕이라고 할 수 있다. 믿는 자에게도 본능이 무조건 나쁜 것은 아니다. 아름답고 긍정적인 의미의 본능도 얼마든지 있다. 예를 들어 자녀를 보호하려는 부모의 마음이라든지, 친구가 위험에 처했을 때 도와주려는 본능이 그것이다.

그러나 부정적인 의미의 본능도 많다. 게으름, 싫증, 비교의식, 탐욕 등 종류도 매우 다양하다. 그래서 사랑하는 사람도 '당신 없이는 못 살아' 하고 만났는데 어느 날부터 '당신 때문에 못 살아'로 말이 바뀐다. 본인의 자유의지와 관계없이 마음이 변하는 것이다.

성경에서는 이 마음에 대해 자주 이야기한다. 인간의 마음……. 그래서 '더욱 지킬 것은 몸이 아니라 마음과 생각이다'라는 말이 성경에 자주 나온다. 그만큼 마음이 중요하기 때문이다. 마음은 결국 행동을 낳고, 우리가 어떤 마음을 가지고 살아가는가는 우리의 삶 전체에서 매우 중요한 일이 되기 때문이다.

유난히 성경에는 '인내'라는 단어가 많이 나온다. 그리고 '오래 참음'이라는 단어도. 그만큼 주님의 일을 하기 위해 인내가 필요하다는 것이다. 인내를 부족하게 만드는 것이 변덕이고, 변덕은 마음의 변화로 출발하며, 마음은 생각의 변화에 따라 움직인다. 즉 생각은 마음을 만들고, 마음은 행동을 낳는다. 그래서 초심을 잃고 시간이 지남에 따라 엉뚱한 일들을 하게 된다.

내가 특별히 변덕과 인간의 삶에 대해 쓰는 이유는 이제 와 생각해 보니 나의 일들을 그르쳤던 많은 악의 원인이 대부분 변덕으로부터 출발했다는 것을 어느 날 깨달았기 때문이다. 변덕스러움은 어느 정도 기간이 지나면 자신을 능력의 소유자로 부각하면서 현실을 불평하게 만든다. 그러면서 주위의 다른 상황과 혹은 다른 사람과 자신을 비교하게 만든다. 그러다가 결국 자신의 상황을 바꾸어야만 하는 이유를 만들고 그 이유는 받아들여져 변덕이 성공하게 된다.

그러나 신앙의 삶이든 세상의 삶이든, 고등학교 때부터 오십 중반의 나이까지를 한 인생의 철로 위에서 보면, 끝에 웃고 있는 자들은 변덕을 부리지 않았던 사람들이다. 그런 사람들은 우리가 한참 잘나가던 젊은 시절에 마치 구약성경에 나오는 노아와 같이 좀 한심해 보이는 듯했던 사람들이다. 그러나 그들은 누가 자신을 한심하게 보든 말든 자기의 길을 묵묵히 갔고, 소위 좀 똑똑하다고 스스로 생각하는 부류들은 조금 더 잔디가 많아 보이는 곳으로 늘 옮기기에 바빴다. 자신이 마음 편한 곳으로 옮겨 다녔다는 것이다.

그러나 잘 알다시피, 자신이 서 있는 곳에는 늘 잔디가 많아 보이지 않는다. 그런데 저쪽을 바라보면 잔디가 파랗게 보인다. 그래서 다시 마음을 고쳐먹고 그리로 가지만 그곳 역시 가보면 별로 잔디가 없다는 사실을 깨닫는다. 늘상 그러면서도 또 옮긴다. 옮기기만 했지 늘 자신 앞에는 잔디가 없다. 이렇게 마음의 변화에 충실한 사람은 언제나 만족이 적거나 없다. 내가 서 있는 곳을 바라보지 아니하고 다른 곳을 보며 그 자리에 서 있으니 무슨 일이 잘되겠는가.

사실상 내 마음을 이긴다는 것은 쉬운 일이 아니다. 보통의 경우 자기 마음이 원하는 것이 하나님의 뜻이라고 생각하는 경우가 많기 때문이다. 그러나 이것은 다 틀린 이야기도 아니고 다 맞는 이야기도 아니다. 성경에서 하나님이 사람의 마음을 통하여 역사하시는 경우도 많지만, 반대로 주의 역사를 이루기 위해 자신의 마음을 내려놓고 주님의 일하심에 자기를 맡기는 경우 또한 많기 때문이다.

(새)찬송가 425장을 작시한 폴라드A. A. Pollard라는 자매는 젊어서부터 아프리카 선교사로 가기를 꿈꾸고 기도해 왔지만 기회가 닿지 않았다. 그녀가 모든 것을 포기하고 내려놓았을 때, 조금 지긋한 나이가 되었을 때 비로소 아프리카로 가는 문이 열리며, 바로 그 시점에 선교사로 헌신하고 〈주님의 뜻을 이루소서〉라는 아름다운 찬송시를 만들게 되었다.

이렇듯 우리의 마음이 주의 뜻과는 아무런 관계가 없는 경우가 제법 많다. 마음이 나의 본성에서 나온 경우가 주님이 주신 경우보다 더 많은 것은 그만큼 주님과의 관계가 친밀한 경우가 더 적기 때문이다. 그 관계가 매우 친밀한 경지는 신앙적으로 꽤 성숙한 경우라고 할 수 있다.

성경을 읽으면서 가장 깊숙이 마음에 들어와 나를 감동시키는 단어 중 하나가 바로 '변화'인데, 이 변화는 단순히 주를 믿고 은혜 받는 정도만을 이야기하는 것이 아니라 성격이 달라짐을 말한다. 불같던 성격이 불같이 주를 믿는 것이 아니라 온유한 성격으로까지 변하는 것. 이것이 바로 주님과의 온전한 만남이다.

이와 같이 성품의 변화까지 일어나야 온전히 주를 따르는 것이라고 성경은 말한다. 만일 지금 우리가 우리의 성격 스타일로 주를 믿는다면 아직 주님과 그리 가까운 사이는 아니라는 것이다.

아티스트와 인내는 거의 상극 같은 단어일 것이다. 인내를 잘하는 아티스트는 분명 그의 작품이 특별나지 않을 것이다. 아티스트를 더 아티스트 되게 해주는 것은 그 아티스트의 괴팍한 성격과 그런 마음인데, 여기서 나온 작품들을 걸작masterpiece이라고들 한다. 그래서 음악가 중에도 인생의 풍파가 별로 없었던 브람스보다는 모차르트나 베토벤 같은 사람들의 음악을 더 높이 평가한다. 그것은 특별하고도 비정상인 같은 성격으로 사물을 바라보며 그 바라본 것을 표현한 음악에 사람들이 더 매료되기 때문이다.

사람들은 자신이 할 수 있는 일을 타인이 했을 때엔 그다지 놀라지 않는다. 그러나 자신의 생각으로는 도저히 닿지 않는 세계를 그림으로나 음악으로나 표현했을 때 그 작품을 높이 평가하게 된다. 그래서 예술가 자신이 많이 망가질수록 그의 작품은 특별하고도 가치 있는 경우가 많다. 만일 예술가가 정상적이고 평범한 삶을 산다면, 그는 예술가로서 특별나지는 못할 것이다.

그래서 예술가와 자기 마음의 통제는 극과 극 같은 단어가 된다.

예술가는 자신의 마음을 통제하는 것이 아니라 오히려 더 상상의 나래를 펴도록 해야 작품이 나오므로, 마약이나 다른 무엇을 쓰기도 한다.

나는 대단한 아티스트는 아니었지만 어느 정도 아티스트의 기질을 가진 사람이었다. 그래서 누구보다도 성경대로 사는 것이 정말 힘들었다. 그리고 지금도 힘들다. 이것이 바로 아티스트적인 성품과 싸우고 있는 나 자신이다. 예전에는 이러한 성품이 나에게 창작을 주었다면 이제는 내 신앙생활에 큰 걸림돌이 되기 때문이다.

이것이 비단 내 문제뿐이겠는가. 얼마나 많은 사람이 자신의 마음을 지키지 못하고 변덕을 부려 인생에서 손해를 보았던가. 그럼에도 지금도 마음에서 시키면 따라가는 사람들이 있다. 주님의 말씀보다 더 사랑하는 것이 있어서. 주를 위해 일한다고 하면서 사실은 자신의 미래를 늘 생각하며 사는 사람들이 얼마나 많은가. 진화론자들처럼 '더 높이, 더 빠르게, 더 크게'를 자신도 모르게 삶의 푯대로 삼고 있지는 않은지…….

한쪽으로 에너지가 강한 사람이 변덕도 심하다. 주님께 평생 헌신하겠다고 지나치게 떠드는 사람들은 거의 다 중도에 없어지고 만다. 그 에너지가 반대로 쓰인 경우라고 하겠다. 그래서 이젠 교회에 뼈를 묻겠다고 이야기하는 사람이 그리 반갑지 않다. 언젠가는 그 에너지를 반대 방향으로 쓸 날이 올 수 있기에.

성경은 우리에게 변함없음을 늘 가르친다. 불같은 신앙도 아니고 냉랭한 신앙도 아닌, 마음에는 불이 활활 타고 있지만 겉으로 티를 안 낼 수 있는 사람……그러한 사람이 이 세상에 빛과 소금의 역할을 하지 않을까.

우리는 대부분 변덕 때문에 힘들었던 적이 있다. 그런데도 비슷한 일이 생기면 이런저런 이유를 대며 또 변덕을 부린다. 이것이 인간의 한계다. 주를 믿는다는 것은 이러한 한계를 뛰어넘는 것이다. 그 한계를 뛰어넘는 것이 믿음으로 가는 첫 단추이기 때문이다. 다시 말해 '나의 본성을 내려놓기'가 '믿음의 제1과'다. 본성의 문제를 해결하지 않고 믿음의 발전은 없다.

성경을 읽다 보면 우리는 늘 좋은 역할만 하려고 한다. 나는 언제나 다윗이요, 이스라엘 족속이요, 아브라함이요, 베드로다. 그러나 오늘만이라도 뒤집어 생각해 보자. 내가 바로 사울 왕이요, 가룟 유다요, 아합 왕, 아나니아와 삽비라라는 사실을 인정해 보자. 그들의 공통점은 변덕스런 마음에 굴복한 사람이라는 것이다.

성경에 '신실하다'는 말이 자주 나온다. 그 말은 영어로 'faithful' (충성스러운)이라 표현한다. 그런데 이 말의 원뜻은 '변치 않음'이라고 한다. 즉 신실한 신자라고 하면 변치 않는 신자라고 표현해야 옳을 것이다. 따라서 'faithful'보다는 'unchangeable'이라고 해야 맞을 것이다.

삶에서, 신앙의 여정에서 평안하길 원한다면 이제라도 변치 않는 사람이 되길 기도하자.

신앙은 '오래 참고'로 시작해서 '모든 것을 견디느니라'로 끝난다.

2

명전

*
*
*

명전明轉:　　　　　　　연극에서 무대를 밝게 하고 무대 장치나 장면을 바꾸는 일

제자라는 이름

*

*

*

인간이면 누구나 살고 싶은 삶이 있다. 작게는 아름다운 가정의 행복을 꿈꾸며 사는 사람부터 크게는 전 세계를 한번 뒤흔드는 삶을 살기를 원하는 사람도 있을 것이다. 그리고 우리 모두 그것을 위해 어제도 오늘도 그리고 내일도 열심히 살 것이다. 그런데 어떤 사람은 그렇게 되기도 하지만 어떤 사람들은 자신이 원하는 인생을 살지 못하고 생을 마감하는 경우도 많다. 아니 대부분이 만족하기보다 "살다 보니 이렇게 살았구나"라고 느끼며 이 땅에서의 삶을 마치며 눈을 감을 것이다.

이렇듯 삶이라는 것은 우리의 머리로는 이해하기 힘든 구석이 많은, 조금 특별한 선물이다. 아무도 예측할 수 없고, 어떤 권력자나 재벌도 결코 자신이 원하는 대로만 살 수 없는 것. 그러나 살다 보면 웃을 일도 있고 울 일도 많지만 그래도 '아름다운 인생'이라고 한번쯤은 이야기할 수 있는 그런 것……. 그것이 바로 우리네 인생이라 생각된다.

'예수 그리스도 제자'라는 타이틀이 주는 의미는 무엇인가.

이들은 사실 평범한 열두 명의 청년들이었다. 그리고 어느 날 부름 받아, 하던 일을 버리고 주를 좇아 나선, 주를 사랑하는, 평범하고도 마음이 당시 일반 사람들보다 조금은 더 순수한(?) 사람들이라 할 수 있는 것이 전부다.

그래서 이들에게 주님이 3년 동안 동고동락하시면서 많은 진리들을 가르치시만, 깨닫는 경우도 있고 우둔하여 못 깨닫는 경우도 많았다.

그러던 그들이 예수님이 승천하시고 성령이 오셔서 각자 성령세례를 받은 후에는 각기 자신의 길을 가게 된다. 이전까지는 늘 같이 행동하고 같이 다니고 같이 사역하던 그들이었다. 하지만 주님이 떠나시고 성령님이 함께하시면서 이제는 공동생활이 아니라 각자 뿔뿔이 흩어져 주의 일을 하게 된다.

일반 사람도 어려울 적에는 학교 친구, 사회 친구와 늘 함께 있게 되지만, 인간적으로 성숙하면 대부분의 경우 자신의 길을 새롭게 떠나는 것을 볼 수 있다. 의존적인 사람에서 독립적인 사람으로 바뀌는 것이다. 어떤 경우엔, 친구나 부모와 같이 있다 할지라도 서로 의존 관계가 아닌 자신만의 독창적인 삶을 살기에 군중 속에서도 홀로인 것을 자주 느끼게 될 정도로 삶이 바뀐다.

내가 다닌 신학교에는 한국인 학생이 1, 2, 3학년 합쳐서 20여 명 되었다. 지금은 그들이 다 흩어져 전 세계 곳곳에서 사역하고 있는 것을 볼 때, 우리가 주님의 제자가 된다는 것은 먼저 나의 독립을 의미하는 것임을 다시금 확인하게 된다.

이제 예수 그리스도를 구주로 영접한 이상, 사회 사람들과 어울려 지낼 수가 없다. 사람은 같은 사람이지만 속이 변화되었기에, 그 누구와도 이야기는 할 수 있지만 옛날같이 만나서 즐겁게 시간 보내는 일이 잘되지 않는다.

언어가 달라졌기 때문이다. 내가 쓰는 언어와 세상 사람들이 쓰는 언어가 다르기에 은혜 받은 사람은 독립을 하게 되고 곧바로 고독이라는 광야에서 훈련 아닌 훈련을 받게 된다. 다른 말로 하면, 이제 다른 세상에서 다른 삶을 산다고 할 수 있다. 이전엔 세상에서 살았다면 이제는 "그리스도 예수의 세계" 안에서 사는 것이다. 그래서 예전의 즐거운 일을 해도 즐겁지 않고, 주를 더 잘 섬기기 위한 일 외에는 하고 싶은 일도 없고 되어지는 일도 없게 된다.

잘못 보면, 사람 버린 것 같은 느낌을 남에게 줄 수 있다. 그러나 그것은 이미 큰 빛을 보았기에 삶의 기본과 방식과 그 의미의 척도마저 달라져 버린, 돌이킬 수 없는 길인 것이다.

열두 제자들은 늘 같이 다녔으나, 때가 되자 뿔뿔이 흩어져 주님이 원하시는 곳으로 장소를 옮기게 된다. 물론 그 과정에서 자신을 도와주는 새로운 동료를 만날 수는 있지만, 만나는 동료가 열두 사도들 중 그 누구는 아니다. 그들은 자신만의 고유한 사역을 하게 되었으며 옆에 있는 사역자는 그 사역을 돕는 사람이었다. 베드로의 경우 주변에 누군가가 있었지만 그 주변에 있던 사람은 베드로의 사역을 도운 것이지 서로 상의해서 다시 새로운 사역을 팀으로 짜서 한 것은 아니었다.

온전히 하나님께 부르심을 받은 사람이라면 자신만의 고유한 사역이 있게 된다. 그리고 그는 더 이상 세상의 언어를 쓰지 않는다. 그래서 고독이 이젠 친구가 되며, 그렇기에 하나님만 더더욱 바라볼 수 있게 된다.

집에서도 아이들이 장성하면 부모 곁을 떠나 독립하듯이, 우리의 신앙 여정도 그와 같다. 신앙이 있고 나이가 어느 정도 된 사람이 친구 만나느라고 바쁘다면 무언가 잘못된 것이라고 볼 수 있다. 주님께서 은혜를 주신 이유는 이제 그분의 도구가 되라는 것이며, 대부분의 경우 '주님과 나의 세계'라는 곳으로 들어가기 때문에 세상은 그를 이해하기 힘들다. 어찌 보면 세상에 대해서는 죽은 것이다. 그렇기에 세상적인 방법으로 자신의 결핍을 채우려 하면 더 머리가 아파진다. 내가 가끔 한국에 가서 느끼는 것 중 하나는 친구는 많은데 만날 친구가 없다는 것이다. 그들도 나를 만나면 부담스러워한다. 또한 갈 곳은 많은데 가고 싶은 곳이 없다. 이제는 어디에 있으나, 어느 나라에 있으나 늘 비슷한 환경이 되고 만다.

신학대학원 시절, 파키스탄, 인도, 베트남 친구들과 성애원 다녀오는 길에 찍은 사진.
이들과 종종 대중목욕탕을 갔는데, 우리가 탕 속으로 들어가니 그 안에 있던 한국인들이 모두 놀라서 밖으로 나오던 일이 에피소드로 남아 있다.

즉 제자들에게는 무슨 사역을 어떻게 하고 있느냐가 늘 우선이지 다른 것은 차후여야 한다는 것이다. 가끔 가정과 아이들 교육을 위해 자리를 함부로 옮기는 사역자들이 있는데 결국 사역을 놓쳐 버리고 떠도는 것을 보게 된다. 사역자가 사역을 잃으면 그때부터는 생활인이 된다. 그런 모습을 좋아할 그리스도인은 아무도 없다.

자신의 자리를 지키려면 은혜로 말미암은 특별한 의지가 있어야할 것이다. 쉽게 생각하면 쉽게 주저 앉는다.

열두 사도들도 얼마나 같이 사역하고 싶었겠는가. 서로 옛날 이야기 하며……. 그러나 주님 입장에서 보면 그것은 크나큰 손해다. 열두 명이 해야 할 일을 결국 한 명이 하는 결과를 낳기 때문이다.

나의 신학교 동기들 중 누구는 인도네시아 선교사로, 누구는 중국에서, 또 누구는 부산에서 교목校牧으로, 또 누구는 여기 캐나다에 있는 것이 지금까지 주님의 연출이라 확신한다. 우리가 다들 성품이 다르듯 주님이 우리에게 바라시는 열매 또한 같지 않기 때문이다. 주님은 우리에게 복제를 가르치지 않고 창조를 가르치셨다.

또한 주님이 사랑하시는 열두 사도 모두, 본인이 원치 않는 삶을 주를 위해 살았다. 사도 요한만 빼고 결국에는 모두 순교를 당했다고 역사가 유세비우스Eusebius는 이야기한다. 베드로는 로마에서 복음을 전하다가 십자가에 거꾸로 매달려 죽었으며, 안드레는 헬라의 아가야에서, 야고보는 예루살렘에서 가장 먼저 순교하였고, 빌립은 소아시아 브루기아에서, 바돌로매는 아르메니아에서, 도마는 인도에서, 마태는 에티오피아에서 등 모두 주님의 심부름을 받아 떠나온 이 소풍 같은 지구의 삶을 마감한 것이다.

순교했다는 것은 주를 위해서는 불의한 어떤 것도 용납하지 않았다는 것이다. 조금만 자신을 속였더라면 얼마든지 오래 잘 살 수 있었을 것이다. 그들이 그렇게 이방인 권력자들과 타협하였더라면 결국 기독교는 한때의 이야기로 끝나고 말았을 것이다. 그들의 대쪽 같음으로 말미암아 열두 명이 지구를 변화시킨 것이다. 주님의 말씀으로 세상을 변화시키는 사람이 바로 제자다. 은혜를 좀 받았다고 다 제자는 아닌 것이다.

성경공부 과정에 '제자반'이라는 것이 있다. 많은 이들이 그러한 공부를 좋아하나 그 공부 후에 온전한 제자가 되지 않았다면 그것은 일종의 프로그램에 불과하다.

영화관에 가면 각종 프로그램이 많지 않은가. 그중 우리는 하나를 골라 본다. 제자가 되지 못한다면 성경공부는 영화관 프로그램과 다를 것이 하나도 없다. 주님의 열두 제자는 세계를 변화시켰는데, 한국의 수많은 제자반 강의를 마치고 수료증 받은 사람들은 지금 어디서 무엇을 하고 있는가.

진정한 제자라면 세상을 변화시키는 데 적어도 한 분야는 담당하고 있어야 한다. 그저 성경공부가 자신의 죄책감을 조금 완화해 주는 것이라면 교회는 계속 일류가 아닌 삼류 영화관으로 남게 될 것이다.

예수님의 제자란 쉬운 타이틀이 아니다. 우리가 너무 쉽게 남용하고 있지는 않은지, 진실로 내 안에 예수의 제자가 되길 원하는 마음이 있는지, 그래서 제자반 성경공부를 원하는 건지 살펴야 한다.

단 하루라도 열두 제자의 삶과 내 삶을 깊이 생각하는 시간을 가져야 할 것이다.

의분

*

*

*

    우리는 신앙 안에서의 '의로운 분노'라는 표현을 종종 듣는다. 그러나 이러한 의분을 정의하는 것은 그리 쉽지 않은 문제다. 복음서를 잘 읽어 보면 예수님의 공생애 기간 동안 마태복음 21장 12-17절에서처럼 격한 행동(의분)을 표현하신 적은 이 대목이 처음이자 마지막임을 알 수 있다. 물론 말씀을 강하게 하신 적은 있어도 보통은 늘 온화하고 조용하시며, 용서하시고 차분하신 것으로 기록되어 있다. 주님은 제자들에게 그렇게 가르치셨다. 그러나 마태복음의 해당 본문은 다른 때와 다르게 성전 안에 이상한 무리들을 내쫓으시고 그들의 상과 의자를 둘러엎으셨다고 기록하고 있다. 예수님은 적어도 육신의 힘을 사용하셔서 그들을 쫓아내신 것이다. 다른 말로 표현하면 육신의 힘을 사용하시며 의로운 분노를 표출함으로써 하나님의 뜻을 이루어 가셨다는 말이다.

    어찌 보면 이해가 잘 안 되는 구절이기도 하다. 그 온유한 예수님이, 악인이 망하지 않고 돌아오기를 기다리신다는 예수님이 왜 성전 안 무리에게는 말로 하지 않고 격한 행동을 보이시며 주의 뜻을 나타내셨을까. 그리고 그렇게 기록하도록 허용하신 하나님의 뜻은 무엇일까.

먼저, 본문 내용이 성전 안에서 일어난 일이라는 사실에 주목해야 한다. 다른 것은 다 이해하고 넘어갈 수 있어도 성전에서 장사를 하는 사람을 나무랐다는 그 가르침에 우린 주목할 필요가 있다.

신앙생활을 하다 보면 많은 사람들이 예수님을 사랑의 모습으로만 묶으려는 경향이 많다. 그래서 잘못을 범하고도, 주님은 나를 용서해 주시는데 왜 당신이 나를 정죄하느냐고 묻는 경우가 있다.

이곳 북아메리카에서도 많은 사람들이 기독교를 사랑의 종교라고만 이야기하려고 한다. 예수님이 곧 사랑이라고만 이야기하는 것이다. 그러나 성경 전체를 몇 번 읽어 본 사람이라면 하나님이 어떤 분임을 알 수 있을 것이다. 그래서 우리에게 구약은 필수적이다.

하나님의 성품을 알기 위해서는 어느 성경 한 구절만 가지고는 곤란하다. 그렇게 성경 한 구절만으로 고집하면 잘못된 가르침, 즉 이단이 되기 쉽기 때문이다. 우리에게 신약과 구약이라는 성경 66권을 허락하신 이유는 성경 전체를 꿰뚫어 보라는 뜻에서다. 창세기, 레위기, 시편, 복음서 등 모든 것을 합쳐서 한 맥으로 하나님을 바라볼 수 있어야 한다. 복음서를 읽으면서도 그 안에서 창세기의 하나님을 발견할 수 있어야 하며, 사도 바울의 서신서를 읽으면서 시편과 잠언을 이해할 수 있어야 한다.

구약을 읽다 보면 하나님이 악한 무리를 대적하여 그들을 진멸하시는 장면들이 자주 나온다. 또한 하나님은 사랑뿐만 아니라 공의公義의 하나님이요, 때론 심판의 하나님, 사랑하는 자녀에게 매를 드시는 하나님인 것을 알게 된다.

그러나 이곳 북아메리카의 기독교인들, 특히 인권 운동가들은 하나님을 사랑으로만 묶는다. 그리고 자신이 하고 싶은 대로 다 하고 그 후에 하나님이 하셔야 할 일은 사랑이라는 것으로 남겨 놓는다. 그렇기에 낙태, 동성연애, 폭력, 인종차별 등이 끊이지 않는다.

예전에 다운타운에서 캐나다인 목사님과 노방전도를 할 때였다. 그 목사님이 십계명에 대해 설교하자 지나가던 자매가 차를 세우곤 목사님에게 하나님은 사랑이신데 왜 그렇게 설교하느냐고 나무라는 모습을 본 적이 있다.

하나님은 사랑이시지만 공의로우시며 심판, 정죄, 연단鍊鍛을 하기도 하시는 하나님인 것을 우린 신학교에서도 배우고 성경에서도 배운다. 무엇이든지 한쪽으로 치우치면 사고가 나듯, 집에서 아빠가 자녀를 예뻐만 한다면 아이는 어떻게 되겠는가.

예수님이 성전에서 장사하는 자들을 나무라신 것은 적어도 성전 안에서만이라도 신실한 마음으로 예배드려야 함을 일러 주신 것이다. 물론 생활 전체를 그리스도의 마음으로 살아야 하지만 그게 안 되면 예배 시간만이라도 좀 신실하라는 것, 그것마저 무너진다면 더 이상 교회의 존재 가치는 없기 때문이다.

나는 전도 집회 때 세상 음악도 부르며 집회를 한다. 그래야 사람이 모이기 때문이다. 그들이 원하는 것을 먼저 해주며 복음을 전하면 생각보다 많은 사람들이 고마워하고 결신 시간에 많이 일어나 결신 기도를 한다. 그래서 나를 좀 자유주의적인 신앙관을 가진 사람으로 보는 사람도 있다. 그러나 그렇지 않다는 것을 누구보다도 나와 함께 6년이라는 세월을 보낸 우리 교우들이 잘 안다. 내가 말하고 싶은 것은, 무엇이 본질이고 무엇이 비본질인지 구별하자는 것이다.

나는 예배 시간과 기도하는 시간, 성경 읽는 시간은 특별한 시간이라고 생각하고 또 그렇게 이야기하고 있다. 그렇기에 예배 시간에 어느 외적인 조건보다도 우리의 마음가짐이 중요하다. 예배는 바로 살아 계신 하나님께 드리는 영적 제사이기에.

그래서 우리가 최선을 다하여 예배를 드릴 때 바로 성령의 역사가 일어나는 것이다. 예배를 드리고 난 후 몸이 치유받고 마음이 부드러워지고 집에 가보니 문제가 해결된 경우들이 종종 있다. 이것은 예배를 온전히 드리는 자에 한해서 주님이 주시는 선물이다.

하나님은 물론 사랑이시지만 사랑이기만 했다면 나는 술 담배를 끊지도 못했을 것이요, 지금 이 글을 쓰고 있지도 못했을 것이다. 하나님은 참으시지만 악을 영원히 참지는 않으신다. 성경의 약속이다.

또한 하나님이 하나님 되신다는 것은 이중인격을 가진 채로 교회에 들어와 있는 자를 내쫓으시면서, 한편으로 소경과 다리 저는 자들에게 긍휼을 잊지 않으시는 하나님이라는 것이다.

우리가 긍휼을 잊는다면 그것은 화를 내기 위한 화에 불과하지만, 진정 주를 위한 의분은 그 가운데 긍휼이 있다. 그것이 주님과 우리와의 커다란 차이일 것이다.

우리 중에는 의분인 줄 알고 교회를 위해 분을 발하는 사람들이 있다. 그러나 그들 대부분은 긍휼까지도 다 잃어버린 채 분을 삭이지 못하는 경우가 있다. 우리가 발산하고 있는 강한 에너지가 온전하다면 언제라도 긍휼을 잊지 않는다.

나를 위한 분노가 아닌, 진정 타인을 위한 그리고 주를 위한 분노라면 그 마음의 중심에는 지극히 놀라운 평화가 있다. 여러분이 자녀를 징계할 때 마음에 평화가 없이 하는 것이라면 그 징계는 여러분을 위한 것이 된다. 그러나 늘 마음에 기쁨과 온화함이 사라지지 않는 가운데서라면 그것은 진실로 자녀를 위한 것이다.

이처럼 주님의 분노는 긍휼을 수반하는 분노였다는 것에 생각을 깊이 해보자. 주님은 악인들에게 호통을 치셨지만 불쌍한 자에게는 동시에 사랑을 베푸신다. 이것이 진짜 사랑이다. 즉 징계가 포함된 사랑이다.

기쁨도 마찬가지다. 슬픔을 모르는 기쁨은 허탈감, 허무로 간다. 그러나 슬픔을 요구하는 기쁨은 잔잔하지만 영원하다. 악을 모르는, 악이 존재하지 않는 선이 참된 선이 될 수 없듯이……

하나님은 우리에게 때론 눈물을 요구하신다. 그러나 그것은 슬픔을 위한 눈물이 아니라 기쁨을 위한, 아름다운 삶을 위한 눈물이다.

긍휼 없는 분노는 악 그 자체다. 그러나 그리스도의 의분은 늘 사랑을 포함한다.

그렇게 긍휼이 수반된 의분을 발하는 예수님을 주변의 종교 지도자들은 핍박했다. 자신들의 머리로는 이해가 가지 않는 주님의 사랑에 그저 화가 나는 것이다. 주님의 온전한 사랑을 실천하는 사람은 종교적인 사람들에게 불편함을 준다. 소위 종교인들은 자신을 위해 주를 따르지, 주를 위해 자신을 던지지 않는다. 그것이 구제든, 선교든, 목회든, 평신도의 삶이든…….

그러나 그리스도의 길은 나를 던지는 것으로 시작한다. 내가 생각하는 미래를 주께 드리며 나를 포기하는 것이다. 그래서 종교인들은 못 한다.

우리 방식대로 예배드리기는 쉽다. 그러나 주님이 원하시는 곳에서 주님이 원하시는 방법으로 주님이 원하시는 때에 예배를 드리기는 어렵다. 내 방식대로 드리는 것은 나의 죄책감을 없애는 의식에 불과하다.

주님은 주님의 방식이 있으시다. 우리의 선택은 '순종할 것이냐 아니냐'다.

우리 모두 예배를, 마음을 평온하게 해주는 한순간의 처방약으로 생각하지 말자. 이는 목회자로서 가장 듣기 싫은 말 중의 하나다.
 신앙의 주체와 목적, 그리고 시간과 장소 모두 주님이 정하신다.

예수께서 성전에 들어가사 성전 안에서 매매하는 모든 사람들을 내
쫓으시며 돈 바꾸는 사람들의 상과 비둘기 파는 사람들의 의자를
둘러엎으시고
그들에게 이르시되 기록된바 내 집은 기도하는 집이라 일컬음을 받
으리라 하였거늘 너희는 강도의 소굴을 만드는도다 하시니라
맹인과 저는 자들이 성전에서 예수께 나아오매 고쳐 주시니
대제사장들과 서기관들이 예수께서 하시는 이상한 일과 또 성전
에서 소리 질러 호산나 다윗의 자손이여 하는 어린이들을 보고 노
하여
예수께 말하되 그들이 하는 말을 듣느냐 예수께서 이르시되 그렇다
어린 아기와 젖먹이들의 입에서 나오는 찬미를 온전하게 하셨나이
다 함을 너희가 읽어 본 일이 없느냐 하시고
그들을 떠나 성 밖으로 베다니에 가서 거기서 유하시니라 (마태복음
21:12-17)

지성, 영성 그리고 인성

*

*

*

일반적으로 그리스도인의 삶을 살 때 하나님을 아는 지식과 영성 (하나님과의 관계성)에 대해 많이 이야기하는 편이다. 그러면서 먼저 하나님을 알기 위해서는 우리에게 지적인 지식이 필요하기에, 예배와 성경공부를 통해 진리에 관한 이야기들을 듣고 배우길 원한다.

그러나 대부분의 경우 배움으로만 해결되지 못하는 것을 신앙생활 중에 발견한다. 또 그 배운 것을 실천하기 위해 하나님과의 관계를 재정비하는 작업을 하게 된다. 즉 그동안 자라지 못한 나의 영을 기도와 말씀 묵상을 통해 자라나게 하기 위해 우리는 또다시 많은 노력을 하게 된다.

복음서에 나오는 제자들 역시 주님과 3년간 동고동락하면서 실로 많은 진리들을 배우고 두 눈으로 보았을 것이다. 그럼에도 그들이 결국 이전의 삶과 달라진 것이 없음을 우린 성경을 통해 알게 된다. 예수님이 돌아가시자 그들은 모두 실망하고 대부분이 자신의 옛 직업으로 돌아갔던 것이다.

그들의 머리로는 메시아라는 분이 죽어서는 안 되는데, 살아서 무언가 보여 주셔야 하는데 하고 생각하면서 답답하게 기다리다가 끝에 가서는 죽은 예수님의 시신 앞에서 결국 포기하고 만다.

지식을 배우고 알고 있는 것으로는 그들 삶에 아무런 도움이 되지 못했음을 성경은 이야기해 준다. 이웃 사랑에 관해 그렇게 많이 가르쳤지만 결국 예수님이 잡혀가려 했을 때 베드로는 칼을 꺼내어 대제사장의 종인 말고의 귀를 쳐서 자르기까지 한다. 결정적일 때 지식이 무용지물이 되고 만 것이다. 베드로는 그것만이 주를 보호하는 길이라 생각했다.

그렇게 주님을 생각한 제자들이었기에, 그분이 십자가에서 비참하게 죽자, 그들에게는 더 이상 '죽은 예수'는 필요 없었다. 그래서들 다시 본래의 모습으로 돌아가려고 했고, 결국 돌아갔다.

바로 여기까지가 진리를 알고 있는, 진리를 배운 사람의 한계다. 우리의 지식으로는 사람의 죽음 앞에서 어떠한 논리도 적용할 수 없으며 가장 인간적인 원리밖에 생각할 수 없다.

그런데 이상한 일이 생기기 시작했다. 주님이 보내신다고 약속하신 성령이 오셔서 그들 마음에 함께하자 그들에게 조금씩 변화가 일어나기 시작했다. 기도하는 방법도 달라지고 그제야 오신다는 성령에 대해 이해가 가면서 실로 그리스도인답게, 예수의 제자답게 행동하고 다니게 된다. 많은 병자를 고치고, 주의 복음을 전파하고, 귀신을 쫓아내고……. 주님이 살아 계실 때보다 그들 자신에게 더 큰 변화가 일어난 것이다.

우리도 신앙생활하면서 대부분의 경우 교회에 와서 제대로 된 공부를 하기 원한다. 예수님이 누군가, 나와 어떤 관계에 계시는 분인가 궁금해하며 많은 것을 알기 원한다. 이 같은 배움을 통해 스스로는 매우 만족하지만 사실 자신의 삶 속에는 아직 이렇다 할 변화가 일어나지 않은 경우가 태반이다. 그래서 자신에게 문제가 있음을 발견하지 못한 채 교회에 대해, 신앙에 대해 비판적이고 자꾸 피곤해지고, 목말라지고, 결국은 실족하는 경우도 생긴다.

바로 여기까지가 우리가 겪는 일반적인 신앙의 한계다. 신앙은 아는 것도 필요하지만 아는 것만으로는 아무 일도 일어나지 않는다. 이때 우리에게 필요한 것이 살아 계신 하나님, 그분과의 관계성, 즉 나와 하나님과의 관계에 대한 스스로의 점검이다.

나는 하나님과 어떤 관계인가, 내 인생에 그분이 하신 일이 무엇인가. 그분의 임재에 대한 체험 혹은 그분과 같이함에 대해 생각하고 묵상하고 스스로에게 질문하는 것이다.

성경에는 하나님이 살아 계시다는 이야기가 수도 없이 많이 나오지만 살아 계신 것을 아는 것만으로는 신앙생활을 유지하기 힘들다. 이제는 아는 것 이상으로 내 인생에 무언가 꿈틀대는 것 같은 움직임으로 역사하시는 그분을 느끼는 것이 중요하게 된다.

사람들은 이것을 '영성'이라고 한다. 이는 아는 지식과 더불어 그분과 깊이 교제하는 것을 의미한다. 그래서 영성 수련원이다, 기도원이다, 부흥회다 하며 사람들은 살아 계신 하나님을 체험하기 위하여 그런 곳에 참여해 보게 된다. 그러다가 어떤 이는 방언의 은사를 받기도 하고 어떤 이는 신비로운 체험을 하기도 한다. 그리고 이제는 스스로에게 늘 성령 충만을 말하며 영적인 사람이 되려고 한다.

그런데 한번 생각해 보자.

지금 지구상에 일어나는 모든 교회의 문제들이 그들이 영적 은사를 못 받아서 혹은 성령 충만함을 못 받아서 일어나는 것일까. 그들에게 신유神癒의 은사가 없고 그들이 특별한 기도를 못 해서 이상한 문제가 끊이지 않는다고 생각하는 사람은 아마 거의 없을 것이다.

갈라디아서를 보면, 제자들이 한참 사역할 때 사도 중의 제1사도라고 불릴 수 있는 베드로가 이방인들과 식사를 하다가, 저기서 야고보에게서 온 사람들이 오니 마치 자신이 그들과 같이 있지 않았다는 것을 증명이라도 하듯 얼른 피하려다가 결국 바울에게 책망을 듣는 장면이 나온다.

게바가 안디옥에 이르렀을 때에 책망받을 일이 있기로 내가 그를 대면하여 책망하였노라 야고보에게서 온 어떤 이들이 이르기 전에 게바가 이방인과 함께 먹다가 그들이 오매 그가 할례자들을 두려워하여 떠나 물러가매 남은 유대인들도 그와 같이 외식하므로 바나바도 그들의 외식에 유혹되었느니라 그러므로 나는 그들이 복음의 진리를 따라 바르게 행하지 아니함을 보고 모든 자 앞에서 게바에게 이르되 네가 유대인으로서 이방인을 따르고 유대인답게 살지 아니하면서 어찌하여 억지로 이방인을 유대인답게 살게 하려느냐 하였노라

(갈라디아서 2:11-14)

이때 베드로는 이미 앉은뱅이도 예수의 이름으로 걷게 하고 아나니아와 삽비라의 생명을 그 자리에서 가져갈 정도로 성령 충만(?)한 하나님의 사람이었다. 즉 사람을 살리기도, 생명을 가져가기도 할 수 있는 능력의 소유자였다.

그런 하나님의 사람이 무엇이 아쉬워 이런 유치한 일을 당했겠는가. 그것도 사도의 축에도 끼지 못하는 한참 후배뻘인 자칭 사도인 바울에게 걸려서 말이다.

하나님의 온전한 사람이 되는 것은 지성과 영성으로만 되는 것이 아니다. 요사이 은사가 있고 없음에 관계없이 계속해서 기독교를 어지럽게 만드는 사람들이 존재하는 이유가 바로 여기에 있다. 진정한 의미의 영성은 이보다 한 차원 더 높은 문제다. 다른 말로 표현하자면 바로 '인성 human nature'이라고 할 수 있다.

주 안에서 지식과 영성을 쌓는 것은 결국 나의 인격의 변화까지를 이루기 위함이다. 바른 인성을 주 안에서 갖지 못한 채 영성만 부르

짓는다고 교회와 신앙이 아름다워지는 것은 아니다. 하나님과의 온전한 관계야말로 그 사람에게 바른 인성을 심어 준다.

신앙의 사람에게 가장 갖기 어려우면서도 필요한 것은 지식도, 영성도 아닌 그 위에 존재하는 인성이다.

바닷물은 염분이 2.8퍼센트만 되어도 썩지 않는데, 이 세상에 구교, 신교를 합친 인구는 약 33퍼센트에 육박하지만 그것과 관계없이 아름다운 지구가 자꾸 변질되는 것은 바로 소금과 같은 그리스도인들이 그 맛을 내지 못하기 때문이라고들 한다. 지성과 영성은 갖추었는데 올바른 인성을 갖추지 못한, 무언가 결핍된 신자들의 역할이 크게 작용하기 때문인 것이다.

사도들의 경우도 마찬가지였다. 그들이 성령을 받고 주의 복음을 전하며 다니다가 결국엔 인성의 변화까지 겪고 그제야 대사도들이 되어, 사도 요한 외에는 모두 순교를 감수하게 된다.

사도행전에서 사도 바울도 한때 마가를 용서하지 못하고 미워해서 바나바와 크게 다투는 일(사도행전 15:36-41)이 있지 않은가. 그러나 나중에 그가 마가를 사랑한 것을 우린 다시 성경에서 보게 된다. 그가 마가를 미워했을 때 사도 바울의 은사는 특별히 대단했다. 그런 바울이 자신의 후배 하나를 용서 못 한 것이다. 그가 우리가 말하는 성령 충만이 부족해서 그랬을까.

디모데후서는 비 울의 마지막 서신인데 4장 11절에 "마가를 데리고 오라. 그가 나의 일에 유익하니라" 하고 디모데에게 권면한 부분이 나온다. 즉 사도 바울이 온전한 인성을 가졌을 때는 이제 생을 마감할 시기였다는 것이다.

마태복음 7장 21-23절에 귀신을 쫓아내고 주의 이름으로 많은 일을 한 사람에게 주님은 "너희가 누구인지 전혀 모른다"고 하시지 않았는가. 왜 그러셨을까. 그만큼 무엇이 중요한지를 말씀해 주시는 것이다.

진정한 의미의 성령 충만은 먼저 온전한 인간이 되는 것이다. 때론 귀신을 쫓을 만한 은사도 있어야겠지만 우선 누가 보아도 그 사람의 삶이 아름다워야 한다. 누구든지 진심으로 주를 만났다면 그는 먼저 바른 사람이 되는 길로 인도될 것이다. 늘 우리 주변에 부족한 것은 '신앙의 특별함'이 아니라 '아름다운 사람들'이다.

나는 종교적으로 큰사람을 별로 좋아하거나 존경하게 되질 않는다. 주를 만나고 진실로 삶이 아름다워진, 그런 사람을 좋아한다. 좋은 사람, 바른 사람, 다시 만나고 싶은 사람……. 그 모습이 바로 주님이 만드신 사람의 모습이 아닐까. 그런 사람이야말로 진실로 주 안에서 거듭난 사람일 것이다.

지난 14년을 돌아보면 유난히 그리스도의 향기가 많이 나는 곳을 찾아다녔음을 알게 된다. 거리의 여자, 장애인, 교도소, 고아원, 병자들, 시각장애인, 기아 난민, 그리고 쉽지 않은 삶을 살고 있는 이민자들……. 그들과 있으면 아름다운 향기가 뇌를 울린다. 그래서 가끔씩 울게 된다.

거듭났다는 것은 내 인격까지 변화되는 것이다. 내가 원하는 곳이 아닌 나를 필요로 하는 곳에서 묵묵히 일하며 주님이 허락하신 그곳을 지키는 것이 거듭난 자의 남은 인생 동안 해야 할 일이다.

내가 진실로 진실로 네게 이르노니 네가 젊어서는 스스로 띠 띠고 원하는 곳으로 다녔거니와

늙어서는 네 팔을 벌리리니 남이 네게 띠 띠우고 원하지 아니하는 곳으로 데려가리라(요한복음 21:18)

캐나다에서 장애우들에게 예수님 이야
기를 전하고 신청곡도 받으며 함께하는
공연 중에. 그들은 낯이 없고 주위를 경계
하는 듯하지만, 오히려 다른 사람들보다 믿
음을 진지하게 잘 받아들여 나도 특별한 마
음이 된다.

주가 쓰시겠다 1

*

*

*

신앙심이 생기면서 때로 주의 뜻에 대해 고민하게 된다. 그래서 무슨 결정을 할 때 이것이 나의 뜻인가 주님의 뜻인가를 놓고 고민하며, 어느 길로 가야 하는지 진심 어린 기도를 하게 된다.

예전 같으면 자신이 원하는 방향으로 쉽게 내릴 결정도, 믿음이 자람에 따라 (살아 계신 하나님의 인도를 체험한 까닭에) 쉽게 내가 원하는 대로 하지 못하고 시간이 오래 걸리더라도 주의 응답을 기다리는 것이다.

그러다 보니 예전에 없던 일들이 일어나고, 내 삶의 결정자가 내가 아닌 하나님이 되어 주님이 내게 무엇을 해주신 이야기, 곧 간증 같은 이야기가 내 삶 속에 쓰이기 시작한다.

그래서 이제는 내가 혼자 사는 것이 아니라 주님과 함께 사는 것이라고 자신 있게 고백하게 되고, 성경의 이야기가 뜬구름 잡는 이야기에서 내 이야기로 바뀌는 시점을 맞이하게 된다. 가족이 네 명인 경우 내 집에 거하는 존재가 다섯이 되는 시점……그것을 성경에서는 거듭남이라고 한다.

마태복음 21장 1-5절에는 이전의 기록과는 달리 조금 특별한 일이 기록되어 있다. 주님이 무엇이 필요해서 제자들에게 심부름을 시키시는 장면이다. 그 가운데 "주가 쓰시겠다"는 말씀은 많은 그리스도인에게 도전을 주는 예수님의 말씀으로 잘 알려진 구절이다. 어떤 분은 이 말씀을 받아 신학교에 가서 목회자가 되었다고도 한다.

마태복음의 이 부분은 "주가 쓰시겠다"고 하셨을 때 주님의 지시와 주님의 일하심이 어떤 경로로 이루어지는가를 말해 준다. 이것이 주님의 뜻인지 아닌지를 잘 구분하지 못하는 사람들에게 좋은 예가 되는 것이다.

주님이 원하실 때 어떻게 상황이 전개되는지를 보자.

먼저, 그때까지 주님은 당시 물건 나르는 운송 수단인 나귀 새끼를 많이 보셨을 것이다. 그러나 본문의 그 순간이 되기까지는 나귀에 대한 언급이 한 번도 없으셨다. 즉 때가 되자 늘 눈에 보이던 나귀가 이제 더 이상 길거리를 지나다니기만 하는 나귀가 아니라 주의 역사에 꼭 필요한 나귀로 둔갑하는 순간이 된다. 다시 말해 주님의 일에는 '언제'라는 때가 반드시 있다.

전도서 3장 1-8절 말씀처럼 "심을 때가 있고 뽑을 때가 있듯이" 주의 일에는 만날 때가 있고 떠날 때가 있으며, 웃을 때가 있고 울 때가 있다. '때'가 매우 중요하며, 아무리 거룩한 일도, 아름다운 말도, 좋은 재물도 그것이 필요한 때에 맞추어 쓰이는 것이 중요하다.

그때까지 사역해 오시면서 예수님이 얼마나 많은 나귀를 보고 지나치셨겠는가. 그러나 때가 되매 이제야, 나귀에 대해 언급하시는 것을 주목하기 바란다.

우리는 종종 때의 중요성을 망각하고 자기 마음의 변화에만 귀를 기울이려는 습성이 있다. 그러한 고집, 아집, 집착은 주님의 일과 반대의 길로 가게 하는 경우가 대부분이다. '때'보다 그 일 자체에 마음을 두고 있다면 그는 분명 하나님의 일을 그르치게 될 것이다.

구약이든 신약이든 성경에서는 그 '때'를 매우 중요시한다. 모세도 40년 미디안 광야 생활을 마쳤을 때 그가 나온 애굽으로 돌아가라는 명령을 하나님으로부터 받게 된다. 사실 그가 40년 전 애굽에서 무언가 해보려고 애를 썼을 때에는 결국 아무 일도 못 이루고 미디안 광야로 도망칠 수밖에 없었다. 그래서 모세는 평생 자신이 다시 애굽으로 돌아가리라고는 상상도 못 했다. 그러나 하나님의 계획은 달랐다. 충분히 시간이 흐른 뒤 그로 인해 모세가 '성숙한 주의 종'이 되고 애굽은 애굽대로 새로운 변화를 맞이하게 되었을 때 비로소 주님의 일은 시작되었다.

우리에게 주어진 일이 선하고 악하고를 판단하기 전에, 악한 것도 주님의 때에, 주님이, 주의 도구로 사용하시는 예가 얼마든지 있음을 알아야 한다. '언제'라는 주님의 시간이 중요한 것이지 '일' 그 자체만으로 판단하는 것은 그다지 성경적이지 못하다.

그것이 주의 일이라면 주님이 분명 그 때를 말씀해 주실 것이다. 주님이 주의 일을 하실 때에는 우리가 좀 이해하기 어려울 정도로, 때론 정확히 육하원칙에 맞게끔 이야기해 주시기도 한다. 그래서 마태복음 21장 1-5절에서처럼 예수님과 그 제자들이 예루살렘으로 들어가기 위해 감람산에 이르렀을 때 비로소 주님은 말씀하시기 시작한다. 왜 그동안은 아무 말씀이 없으셨는지 깊이 생각해 보자.

둘째로, 그 일이 주님의 뜻이라면 주님은 반드시 '어디서'를 말씀해 주시는 경우가 대부분이다. 똑같은 일을 해도 장소에 따라 그 일의 결과는 매우 다르기 때문이다.

나는 캐나다에서 사역하기 위해 고국을 떠나는 시점에 '사랑의 콘서트'라는 제목으로 어려운 이웃을 위한 공연을 했다. 취지는 '수익으로는 구제 사업을 하면서 공연 중에는 복음과 위로를 전한다'는 것이었다. 이는 누가 보기에도 좋았기에, 그저 좋은 일이라 생각되어 주님의 음성에 귀 기울이지 않고 시작했다. 그런데 결과는 그 큰 교육문화회관 대강당(1,000석)이 70퍼센트 정도만 차는 공연을 하게 되었으며 수익도 그리 많지 않았다. 복음은 전했지만 그 열매는 그리 크지 않았던 것이다.

그런데 그 공연이 끝나고 얼마 후 어느 대기업에서 연락이 왔다. 같은 취지로 내 공연을 하고 싶다고……. 그래서 순종하는 마음으로 묵묵히 따라갔는데 그들이 준비해 놓은 공연장에 가보니 이미 약 3,000명의 사람들이 나를 거다리고 있었고, 나는 복음과 함께 아름다운 공연을 할 수 있었다. 공연을 마친 후 얻은 수익으로 구제 사업을 충분히 하고도 남을 정도였다. 그 대기업은 내가 몇 주 전 교육문화회관 대강당에서 비슷한 공연을 한 것을 전혀 모르고 있었다.

다시 말해 내가 하면 700명이요, 주님이 하시면 3,000명인 것이다. 마태복음 21장 1-5절에서도 주님은 제자들에게 "맞은편 마을 나귀와 나귀 새끼가 함께 있는" 곳이라고 정확히 이야기해 주고 계시다. 제자들이 그리 스마트한 편이 아니었기에, 어찌 보면 지금의 우리와 별반 다를 것이 없는 보통 사람들이었기 때문이다. 물론 성령강림 후에는 대사도들이 되지만.

같은 일을 해도 어디서 하느냐에 따라 100명이 그곳에서 하는 이야기를 들을 수도 있고 1,000명이 들을 수도 있으며, 그 열매도 10배, 100배 이상 달라질 수 있는 것이다. 그래서 성경에서는 자리를 중요시한다. 다윗이 시험 들어 남의 부인과 통간하는 크나큰 죄를 범할 때에도 그가 자신의 자리를 이탈하고 있었을 때라고 성경은 이야기한다.

그 해가 돌아와 왕들이 출전할 때가 되매 다윗이 요압과 그에게 있는 그의 부하들과 온 이스라엘 군대를 보내니 그들이 암본 자손을 멸하고 랍바를 에워쌌고 다윗은 예루살렘에 그대로 있더라(사무엘하 11:1)

다윗도 출전하여 전쟁에 나아가야 할 때 집에 가만히 있었던 것이 화근이 된 것이다. 이렇듯 성경에서는 우리가 우리 자리에 있는지를 묻게 하는 구절이 많다. 내가 내 자리에 있어야 하는 것이 하나님의 뜻이기 때문이다.

셋째로, 주의 일에는 반드시 '무엇'을 해야 할지를 가르쳐 주신다. 우리가 하고 싶다고 혹은 할 수 있다고 다 할 수 있는 것은 아니다. 기독교인과 비기독교인이 구별되는 가장 두드러진 차이 가운데 하나는, 전자는 해야 하는 일을 하고 후자는 하고 싶은 일을 한다는 것이다. 그 결과는 하고 싶은 일을 막 해온 우리의 과거가 우리에게 이미 말해 주고 있지 않은가.

하고 싶은 일을 해야 마음이 평안해지는 사람은 아직 주를 따라가려면 시간이 더 걸릴 것이다. 우리 앞에는 언제나 옳은 길과 가선 안 되는 길이 있다. 옳은 길에는 늘 나의 헌신, 참음, 고독, 용서, 하기 싫어도 해야 함 등이 따르기에 우린 알면서도 나쁜 길로 가려고 슬쩍 발을 옮긴다. 편하기 때문에……일단은…….

지금 어느 것이 주의 길인가로 고민한다면, 내가 가고 있는 길이 주님이 주신 길인지 기도하며 고민한다면, 어려운 길로 가자. 그것이 확률적으로 더 맞는 길이기 때문이다.

언젠가 헨리 나우웬Henri Nouwen이 마더 테레사를 방문하여 물었다. 어떻게 하면 수녀님처럼 되는지. 마더 테레사의 대답은 간단

했다.

"내 마음에 이건 아니지 하는 일은 하지 말고 주를 따르세요."

우리는 대부분 어느 길이 옳은지 안다. 그러나 그 길을 못 가는 이유는 그 길로 갔다가 실패할까 봐, 가난해질까 봐, 망신당할까 봐 두려워서, 알면서도 틀린 길로 들어서는 것이다. 그러나 지혜로운 사람이라면 조금 어려워도 바른길을 택할 것이다. 왜냐하면 분명 언젠가는 주님이 나를 쉴 만한 물가로, 푸른 초장으로 인도하실 줄 믿고 신뢰하기 때문이다.

우리는 모르는 것이 너무 많은데도 아는 척하다가 인생이 끝난다. 어디서 왔는지, 어디로 가는지 알지 못하고 쓸쓸히, 쓸쓸히 인생이라는 무대 뒤로 하나둘씩 퇴장한다.

적어도 하나님을 신뢰한다면, 교회를 다닌다면, 내일 일도 모르는 나를 믿는 것보다 우주를 만드셨다는 그분께 나를 맡겨야 하지 않겠는가. 그것이 지혜가 아닐까. 밤하늘을 한번 보자. 별이 얼마나 많은가. 그 별이 어디서 생긴 건가.

여호와여 주께서 나를 살펴보셨으므로 나를 아시나이다
주께서 내가 앉고 일어섬을 아시고 멀리서도 나의 생각을 밝히 아시오며
나의 모든 길과 내가 눕는 것을 살펴보셨으므로 나의 모든 행위를

익히 아시오니

여호와여 내 혀의 말을 알지 못하시는 것이 하나도 없으시니이다

주께서 나의 앞뒤를 둘러싸시고 내게 안수하셨나이다

이 지식이 내게 너무 기이하니 높아서 내가 능히 미치지 못하나이다

내가 주의 영을 떠나 어디로 가며 주의 앞에서 어디로 피하리이까

내가 하늘에 올라갈지라도 거기 계시며 스올에 내 자리를 펼지라

도 거기 계시니이다

내가 새벽 날개를 치며 바다 끝에 가서 거주할지라도

거기서도 주의 손이 나를 인도하시며 주의 오른손이 나를 붙드시리

이다 (시편 139:1-10)

주가 쓰시겠다 2

*

*

*

　우리는 앞 장에서 주님이 구체적으로 어떻게 역사하시는지에 대해 부분적으로 알아보았다. 주님의 일이라면 우리가 서두를 필요가 없다. 그분은 전지전능한 하나님이시기에 우리같이 어리석은 사람에게 임하실 때에는 대개 우리가 알아듣도록 무엇인가를 하신다. 우리의 수준으로 내려와 주신다는 것이다. 당시 좀 우둔했던 제자들에게 육하원칙에 맞춘 듯 그렇게 말씀하신 것은 그들의 수준으로 내려오셨기 때문이다. 그렇지 않고는 못 알아들을 제자들이었기에 그렇게까지 자세히 말씀하신 것이다.

　그러한 배려는 오늘날을 사는 우리에게도 동일하게 적용된다. 우리 중 믿음이 충만하여 주님이 조금 움직이시기만 하여도 깨닫는 사람이 있겠지만, 대부분은 주님이 여러 번 말씀하셔도 '나에게 하시는 말씀인가?' 하며 궁금해하기 때문이다.

　우리는 주님이 원하시는 경우 '언제', '어디서', '무엇을'에 해당하는 내용을 살펴보았다. 때가 되자 그 흔한 나귀가 주의 도구가 되고, 장소도 말씀해 주시며, 말이나 소가 아닌 반드시 '나귀 새끼'여야 함을 말씀해 주시는 것을 보았다.

이어서 이번에는 '누가' 그 일을 해야 하는지에 대해 말씀하신다. 마태복음 21장 1절은 "두 제자를 보내시며"라고 전한다. 비록 구체적으로 누군지에 대한 언급이 없지만 문맥으로 볼 때 '열두 명 중 아무나 짝지어 둘이 가라'고 말씀하신 것이 아니라, 두 제자를 지목하여 그들을 보내셨다고 보아야 할 것이다.

주님의 일은 그 일 자체도 중요하지만 누가 그 일을 하는가가 매우 중요하다는 것이다. 다윗 왕이 자신은 궁궐에 거하면서 하나님이 집이 없으신 것이 죄송해서 하나님께 성전을 지어 올리겠다고 하였을 때, 하나님은 "그래, 훌륭한 생각이구나"라고 하시지 아니하고 "네가 내 앞에서 땅에 피를 많이 흘렸은즉 내 이름을 위하여 성전을 건축하지 못하리라. 보라, 한 아들이 네게서 나리니…… 그가 내 이름을 위하여 성전을 건축할지라"(역대상 22:6-10)고 말씀하신다.

언뜻 보면 좀 이해가 가지 않는 구절이기도 하다. 어차피 지어질 성전이라면 다윗 왕이 지으나 그다음 왕인 솔로몬이 지으나 별반 다를 게 없어 보이는데……. 하나님의 생각은 우리의 지혜를 뛰어넘기에 잘 이해되지 않는 구절이 많다. 그래서 순종이 제사보다 낫다고 하시는 것이다. 하나님의 명령에는 순종하느냐, 안 하느냐의 결정이 우리에게 주어지는 것이지, 그것을 여러 사람과 토론하여 어떻게 할까를 논의하는 것이 아니라는 것이다.

이렇듯 누가 그 일을 하느냐가 주님의 시각에서는 매우 중요하다. 지금 이 시각에 누가 그 자리에 있는가, 누가 그 일을 하는가에 따라 지구의 역사는, 하나님의 일하심은 달라지고 있는 것이다.

내 경우에도 집사람과 결혼하지 못하고 다른 사람과 결혼했더라면 나에게 있는 두 아들은 이 세상에 존재하지 못했을 것이다. 그 두 아이의 미래를 통해 주님이 하실 일들이 다 없어지는 것이다. 나의 어머니가 나의 아버지와 결혼을 안 하셨다면 지금 나도 이 세상에 없을 것이다. 내가 발표한 노래들도 없고, 교회 개척도 없으며, 전 세계를 다니면서 복음을 증거하는 조하문은 없는 것이다. 주께서 내게 시키신 집회에 와서 은혜 받아 기독교인이 되는 사람도 없고, 더욱이 주님이 내게 주신 나만의 고유한 목회는 더더욱 없는 것이 된다. 생각보다 결과가 크지 않은가.

바로 이게 하나님의 뜻이다. 하나님의 일이 많다고 해서 아무거나 잡아서 해서는 안 된다. 그런 곳에는 성령의 역사는 없다. 그 사람을 통한 주위 사람의 변화나 기도의 응답은 기대하기 어렵다.

사람마다 자기가 살아온, 자신의 고유한 성품과 섞인 퍼스널히 스토리personal history가 있음을 우린 무시해서는 안 된다. 하나님은 그 개인의 히스토리를 사용하신다. 물론 내가 아니더라도 누군가가 복음을 전하겠지만, 방법과 내용이 다를 것이고 그 결과도 퍽

다를 것이다.

내가 만일 볼리비아 산지, 그런 오지에서 선교하는 선교사라면 어떻겠는가. 결과는 지금 하고 있는 주의 일보다는 효과 면에서 무척 떨어질 것이다. 나는 건강이 그리 좋지 못하고 그런 곳에 잘 어울리는 분들 같은 히스토리를 갖고 있지 못하기 때문이다. 반대로 그런 곳의 선교사분께, 내가 자주 하는 것처럼 불신자를 모아 놓고 전도 집회 공연을 부탁한다면 어떤 결과가 나오겠는가.

이렇듯 무슨 일인가도 중요하지만 누가 하느냐는 더 중요하다. 사람마다 살아온 길이 다르기에 거기에 맞는 목회를 하고, 거기에 맞는 그리스도인의 삶을 살고 있는 것이다. 그래서 자기 자리에 자신이 서 있는 것이 중요하다. 내 자리에 남이 들어오면 그도 불편할 것이요, 내가 남의 자리에 들어가면 나도 불편할 것이므로.

우리는 하나님을 "나보다 나를 더 잘 아시는 주님"이라 부르지 않는가. 그분을 따라가다 보면 정말 나에게 필요한 미래를 주신다. 지금 우리는 10년 뒤 내게 무엇이 잘 어울리는지 전혀 모른다. 그래서 지혜자라면 모든 것을 하나님께 맡긴다. 그분은 시간을 초월하시는 전지하신 분인 것을 인정하는 지혜로운 사람이라면.

둘째로, '어떻게'에 해당하는 말씀을 주신다. 두 제자가 가서 무엇을 해야 하는지, 곧 "매인 나귀와 나귀 새끼가 함께 있는 것을 보리니 풀어 내게로 끌고 오라. 만일 누가 무슨 말을 하거든 주가 쓰시겠다 하라"고 말씀하신다.

우리는 무슨 일이든 자신의 방법대로 하는 경우가 허다하다. 그러나 성경을 잘 읽어 보면 그래선 안 된다. 모세는 광야 길에서 바다를 피하는 길로 가려고 했지만 오히려 주님은 그곳으로 인도하셨다. 왜인가. 홍해가 갈라지는 대역사를, 사랑하는 백성들을 위해 나타내시고자, 그리고 따라오는 바로의 군대를 몰살시키고자 함이었다. 하지만 대부분의 이스라엘 백성은 "이제 바다에 빠져 죽는구나"라며 하나님을 원망하기만 했다.

우리는 하나님의 방법이 마음에 안 들면 순간마다 하나님을 얼마나 원망하는가. 그러나 시간이 지나 보면 그것이 그래야만 했다는 것을 깨달을 때가 얼마나 자주 있었던가. 그럼에도 오늘도 주님을 속으로 원망하는 일이 있지 않은가. 바로 우리가 광야에 있는 이스라엘 백성이다. 조금 상태가 좋아지면 '할렐루야' 하다가, 다시 어려워지면 불평과 원망을 계속 되풀이하는 그 족속 말이다.

나는 성경을 읽으면서 '이게 나구나. 주님 용서하소서' 할 때가 참 많다. 물론 성경은 수천 년 전에 쓰인 오래된 책인 것이 사실이지만, 성경을 정독하다 보면 그 안에서 지금 우리에게 말씀하시는 부분이 분명 있다는 것도 사실이다. 오래된 문서지만 사용된 동사가 거의 다 현재형이다. 그래서 성경은 유언의 책이 아니라 지금도 작가가 살아 있는, '늘 만물을 새롭게 하시는 그분'이 오늘 읽는 사람에게 또 새로운 마음을 주시는 영원한 '신간 도서'다.

이렇듯 '어떻게' 하느냐가 중요하다. 모로 가도 서울만 가면 된다는 것은 한국 속담이지 성경의 진리가 아니다.

주의 일을 하면서, 교회 봉사를 하면서 어떻게 하는지에 대한 방법은 여러 가지일 수 있다. 그러나 정말 주님이 시키신 일이라면 그 방법 역시 주님의 인도하심대로여야 할 것이다. 주께서 잉태케 하셨다면 주께서 해산케 하실 것 아닌가…….

마지막으로, '왜' 이리도 자세히 가르쳐 주시고, 도대체 송아지도 망아지도 아닌 그 나귀 새끼가 '왜' 필요한 것일까.

그 이유는 바로 "선지자를 통하여 하신 말씀을 이루려 하심"이라고 마태복음 21장 4절에서 말씀하신다. 결국 주님의 뜻대로 이루어지려면, 언제, 어디서, 누가, 무엇을, 어떻게, 왜…… 이 육하원칙이 주님으로부터 나올 때 비로소 우리가 하는 주님의 일이 온전한 주님의 일이 된다.

많은 사람들이 이것을 기다리는 것이 귀찮아 '시작은 주님이 했는데 끝은 자기가 내리는 경우'가 허다하고, 그 결과로 안 하니만 못한 일들이 널려 있다. 또한 시키지도 않은 일을 고집으로 해내어, 사람은 많이 모였지만 그 조직의 힘이 엉뚱한 데로 쓰이는 경우도 많이 보지 않는가.

하나님이 살아 계신 것이 확실하다면 왜 우리가 고민해야 하는가. 우리가 할 것은 고민이 아니라 기도다. 고민한다는 것은 살아 계신 하나님을 아직 모르거나 부정한다는 태도다.

요사이 진리를 자꾸 진화시킨다. 해가 뜨는 것을 어떻게 새 시대에 맞게 달리 뜨게 할 수 있는가. 방법은 없다. 그럼에도 신앙과 성경을 자꾸 새 시대에 맞게 각색한다. 여기저기에서 탄식이 흘러나오는데도, 계속 각색 중이다.

얼마나 많은 어린아이들이 인권 때문에 원치 않는 '남자 엄마'를 맞이해야 하는가. 얼마 전 가수 엘튼 존이 자신의 남편과 함께 남자아이를 입양했다. 성경을 각색하다 보니 여기까지 왔다. 그 아이는 엄마의 존재를 어떻게 볼까.

진리를 각색하면 사람이 정상이 되지 못한다. 하나님은 '지키면 우리에게 좋을 수많은 이야기'를 주셨다. 그런데 그 이야기를 바꾸면 결론적으로 우리에게 좋을 수 없다. 말씀을 지키면 우리가 생명을 얻는다. 말씀을 변질시키면 우리 모두가 결국 죽는다. 이번에도 선택은 우리가 한다.

그들이 예루살렘에 가까이 가서 감람산 벳바게에 이르렀을 때에 예수께서 두 제자를 보내시며

이르시되 너희는 맞은편 마을로 가라 그리하면 곧 매인 나귀와 나귀 새끼가 함께 있는 것을 보리니 풀어 내게로 끌고 오라

만일 누가 무슨 말을 하거든 주가 쓰시겠다 하라 그리하면 즉시 보내리라 하시니

이는 선지자를 통하여 하신 말씀을 이루려 하심이라 일렀으되

시온 딸에게 이르기를 네 왕이 네게 임하나니 그는 겸손하여 나귀,

곧 멍에 메는 짐승의 새끼를 탔도다 하라 하였느니라 (마태복음 21:1-5)

의인과 악인

*

*

*

세상의 기준과 그리스도 세계의 기준은 때론 상당히 다른 것을 알게 된다. 그래서 세상을 사랑하는 자가 주의 일을 사랑하는 것이 어려운가 보다. 우리는 신앙생활을 하면서 무슨 일을 해야 주님께 영광을 돌릴 수 있을까로 고민할 때가 많다. 그러나 주님은 이미 복음서에 우리가 무엇을 해야 하는지 많이 이야기하셨다. 네 이웃을 사랑하라, 형제를 용서하라, 네 것을 팔아 가난한 자에게 주라, 내가 대접받고자 하는 대로 너도 남을 대접하라 등 수도 없이 많은 이야기를 하셨건만 아직도 내가 무엇을 해야 하느냐고 묻고 있다면 그것은 성경에 말씀하신 것이 너무 어려워, 쉬운 것으로 달라고 하나님께 타협하고 있는 것 아닐까.

우리는 살아가면서 여러 유형의 사람들을 만난다. 착한 사람, 좋은 사람, 나쁜 사람, 의심이 많은 사람, 거짓이 많은 사람, 음란한 사람 등 우리에게 비치는 타인의 다양한 모습을 본다.

그러나 성경에서는 주로 두 유형의 사람만 이야기한다. 하나는 의인, 하나는 악인이다. 이 두 사람을 가르는 판단 기준은, 도덕이나 그들의 사상이 아닌 오직 예수 그리스도다. 아무리 도덕적으로 완벽하다 할지라도 주를 모르면 악인에 속하는 것이요, 말과 행동이 조금 어눌해도 주님만을 붙드는 사람이면 의인이라고 한다.

그들에 대한 주님의 미래의 판단(심판) 역시, 믿음으로 말미암은 그들의 열매 혹은 믿음 자체로 판단하신다고 성경은 전한다.

시편 34편 15-19절을 보면 여호와 하나님에 대해 "그의 눈은 의인을 향하시고, 그의 귀는 그들의 부르짖음에 기울이신다"고 하신다. 하나님을 사랑하는 자라면, 하나님께 의지하는 자라면, 정말 의인이라면 당연히 기도하게 되며, 그 기도는 때론 외침이 된다. 즉 의인과 보통 사람의 차이는 '기도'라는 주님과의 교통에 달렸다는 것이다.

여기서 '부르짖음'이라는 명사는 원문에 히브리어로 샤우아 שַׁוְעָה 이며 '도움을 청하는 부르짖음'이라는 뜻이다. 그가 만일 의인이라면, 주님을 찾는 그리스도인이라면 그는 분명 '도움을 청하는 부르짖는 기도'를 한다는 것이다.

부르짖는다는 말은 소리 내어 기도하는 것을 뜻할 때도 있지만 원어 성경에서 이야기하는 것처럼 '나에게 도움이 필요할 때 제일 먼저 그분을 찾아 부르짖는 것'을 의미한다. 부르짖는다는 것은 그만큼 절실함을 말한다. 의인과 보통 사람의 차이는 의인은 주님 앞에 절실히, 주님 아니면 해결할 자가 없는 것처럼 기도하는 반면, 일반적인 사람들은 적당히 자신의 시간과 모든 상황에 맞춰 기도한다는 것이다. 그래서 기도하다가도 바쁜 일이 생기면 기도를 멈추고 더 바쁜 일을 먼저 하곤 한다.

교인들 사이에서 기도 이야기를 하다 보면 많은 사람들이 기도에 절실함이 없음을 알게 된다. 주님께 나아가는 태도가 상당히 습관적이라는 것이다. 기도하라니까 기도하고 성경 읽으라니까 성경 읽고……그들 마음에 '이것 아니면 안 된다'라는, 마치 고3 학생이 대학 시험 볼 때와 같은 그런 절실함이 없다. 왜냐하면 살아 계신 하나님이 100퍼센트 믿어지지 않기 때문이다. 살아 계신 분인지, 그냥 멀리 계신 존재일 따름인지 잘 모르고 기도하기에 절실함이 없다.

그러나 기도를 들으시는 존재가 기도하는 사람 자신처럼 살아 있으며, 이 세상 어느 존재보다 전지전능하신 분이라는 것을 믿는다면 어떤 식으로 기도하겠는가. 예를 들어 아들의 잘못으로 아빠가 판사 앞에서 심각하게 재판을 받을 때, 만일 판사에게 말을 잘하면 아들이 용서받아 형을 살지 않아도 된다고 한다면, 그때 판사에게 졸면서 이야기하겠는가 아니면 부르짖겠는가.

부르짖는다는 것은 그만큼 상대의 권위와 힘을 믿는다는 것이다. 소리만 크게 내는 것이 아니라 그분이 내 기도 제목에 'Yes' 혹은 'No' 할 수 있는 오직 한 분이라는 것을 믿을 때 가능한 이야기다. 그래서 기도를 우물쭈물 적당히, 시간상 그다지 길게 못 하는 사람은 하나님의 그 크신 능력을 믿지 못한다는 것을 스스로 고백하는 것이다. 나 역시 '선데이 크리스천' 시절 혼자 개인 기도를 해본 적도 드물지만 더욱이 10분 20분 해본 적도 없다. 허공에 대고 하는 기도를 어찌 10분 이상 할 수 있겠는가. 다른 사람이 듣는 곳에서 하는 기도(대표 기도)는 오래 한 적도 있었으나 사람이 들어 주기 때문이었다.

바로 이 차이가 의인이 되고, 되지 못함을 이야기하는 것은, 부르짖음이 소리 내어 부르짖는 것에만 의미를 두지 아니하고 그 사람의 마음의 어떠함에 더 큰 의미를 두기 때문이다. 하나님이 살아 계심을 100퍼센트 믿지 못하는 사람은 부르짖을 수 없고, 하나님을 그렇게 취급하는 사람을 하나님은 도와주실 수 없다고 이야기하신다. 그것은 하나님의 사랑이 부족해서가 아니라, 살아 계심을 알고 기도할 때와 그렇지 못하고 기도할 때의 기도 제목이 다르기 때문이다.

"너희가 기도할 때 무엇이든지 믿고 구하는 것은 다 받으리라"(마태복음 21:22)는 말씀의 해답이 우리가 지금 이야기하고 있는 이 부분에 숨어 있다. 진정으로 그분이 살아 계심을 알면서 절실히 기도했다면 그 기도는 이미 상달되어 응답되었다. 그 기도에 대한 주님의 반응을, 육신을 가진 우리가 때론 이해 못 했지만 실은 기도가 응답된 것이다.

늘 겨울비 같던 나의 음악인 시절(1991년 2월).

우리는 기도 응답의 주체가 바로 나라고 생각한다. 그러나 성경을 잘 읽어 보면 기도의 주체도 하나님이시요, 응답 역시 하나님의 권한임을 깨닫게 된다.

우리가 잘 아는 아브라함에게 주님이 100세에 주신 아들 이삭을 번제로 바치라고 했을 때 아브라함의 반응은 어떠했는가. 아브라함이 그 이야기를 듣고 눈물로 기도하지 않았을까. 그래서 주님이 "그래, 됐다. 없었던 일로 하자. 이삭을 잘 키워라" 하고 말씀하셨는가. 아니다. 주님은 아브라함의 기도를 듣고 응답하셨는데, 그 응답이 아브라함이 원하는 시기가 아닌 주님이 원하는 시기였음을 우린 성경을 통해 배운다. 결국 모리아 산에서 이삭을 번제로 바치려는 순간에 가서야 주님이 "이제 됐다"고 말씀하시면서, 아브라함의 믿음을 보신다.

또한 나사로가 죽기 전에 그 여자 형제인 마리아와 마르다가 얼마나 주님께 기도했겠는가. 그러나 나사로는 끝내 숨을 거두었다. 그리고 주님이 오셔서 죽은 자에게 "나사로야, 나오너라" 하자 죽은 자가 다시 살아났다. 그것은 많은 사람이 보는 앞에서 '죽은 자가 하나님의 영광을 위해 다시 살 수 있다'는 것을 보이시기 위함이었다. 만일 마리아가 원하는 대로 이루어져서 나사로가 애초에 죽지 않았다면 그들은 예수님을 평생토록 랍비 혹은 선지자 정도로만 생각하였을 것이다.

1995년쯤 나 역시 어설프게 드린 기도……모든 일이 잘되게 하옵시고 몸이 깨끗이 낫게 하여 달라는 그 기도가 내 뜻대로 되었다면 지금 나는 이 자리에 없고 서울 어디에선가 술 마시고 담배 피고, 오늘도 받은 수익금을 계산하며, 교회는 일주일에 한 번씩 때우러 가고, 하나님이 아닌 사람을 즐겁게 하고 내가 즐거운 일, 공연 같은 일을 돈 벌 목적으로 하고 있을 것이다.

이처럼 과거를 돌아보면 끔찍하지만, 그런 경험이 있는 우리인데도 지금 우리 중에 어떤 이들은 기도가 응답되지 않는다고 아우성이다.

기도의 주체도 하나님, 응답하시는 주체도 하나님, 시간과 공간을 맞추시는 분도 하나님이며, 단지 우리는 그분이 '주어'가 되는 문장의 '전치사' 정도에 불과하다. 그래야 우리에게 선이 이루어진다. 우리가 주어가 되면 나도 망하지만 남도 망가뜨리게 된다. 마치 어린 아이가 장난감을 망가뜨리듯이.

시편 34편 19절에 "의인은 고난이 많으나 여호와께서 그의 모든 고난에서 건지신다"고 말씀하신다.

많은 사람들이 예수님을 만나면 횡재를 하는 것으로 생각한다. 그래서 축복이라는 단어를 가장 좋아한다. 그것도 틀린 말은 아니다. 그러나 온전한 의인은 고난이 많다. 세상의 법을 따르지 않고 주님의 법을 따르기 때문이다. 그러면서 세상에 살기 때문이다.

세상에서의 법칙과 주 안에서의 법은 많은 부분 반대된다. 세상에서는 복수를 하라고 하지만 주 안에서는 5리를 가자고 하면 10리를 가주어야 하고, 속옷을 달라면 겉옷까지 주어야 하며, 오른뺨을 때리거든 왼뺨도 돌려 대야 한다. 이러한 의인은 고난이 많을 수밖에 없다. 그래서 눈물이 많아지지만, 감사의 눈물도 더 많아진다. 주님이 모든 고난에서 그를 건지시기 때문이다. 열 개의 고난이 아니라, 백 개의 고난이 아니라, 모든 고난에서 건지시기에……

사는 방법은 여러 가지일 수 있고 그 선택은 자유다. 그러나 삶에 대한 결과는 자신이 산 그대로 받는다는 것을 기억하자.

성경에 많이 나오는 단어 중 하나가 '기억하다'이다. 우리는 자꾸 잊어버린다. 예전의 실수를, 나의 초심을, 내가 그곳을 떠난 이유를, 그리고 성경 말씀들을……. 기억하자. 적어도 기억하는 사람은 생각 없이 사는 사람들에게 빛이 될 가능성이 더 높다.

여호와의 눈은 의인을 향하시고 그의 귀는 그들의 부르짖음에 기울이시는도다

여호와의 얼굴은 악을 행하는 자를 향하사 그들의 자취를 땅에서 끊으려 하시는도다

의인이 부르짖으매 여호와께서 들으시고 그들의 모든 환난에서 건지셨도다

여호와는 마음이 상한 자를 가까이하시고 충심으로 통회하는 자를 구원하시는도다

의인은 고난이 많으나 여호와께서 그의 모든 고난에서 건지시는도다

(시편 34:15-19)

의인

*

*

*

앞 장에서 시편 34편을 통하여 의인이 우리와 적어도 무엇이 다른지 알아보니, 의인이라고 하면 그 사람은 주님께 자신의 어려움을 부르짖어 기도하며, 그 부르짖음은 소리의 크고 작음이라기보다 듣는 이 즉 하나님의 능력과 전지전능하심 그리고 반드시 하나님이 살아 계심을 믿는 고백이었다.

그렇다면 그러한 의인의 삶의 유형은 일반적으로 어떠할까. 정말 주님이 바라시는 의로운 사람이라면 그 삶의 형식이 어떨까. 의인이라면, 즉 온전한 그리스도인이라면 이 시대를 어떻게 사는 사람일까 생각해 보게 된다.

성경 말씀에 "의인은 믿음으로 산다"(로마서 1:17)고 한다. 믿음이 없는 사람은 의인이 되지 못하며, 그 믿음은 그림이 아닌 활동사진이어야 한다. 다시 말해 삶 속에 믿음이 역사하는 사람을 의인이라 정의 내릴 수 있다.

그가 가진 믿음은 "하나님을 기쁘시게" 한다(히브리서 11:6). 주의 일을 해도 하나님이 기뻐하시는 일이 있고, 그냥 덤덤한 일이 있다. 아예 해서는 안 되는 일도 있다. 예를 들어 주를 위해서 했다는 십자군 전쟁 같은 피 흘림은 자신은 아무리 주를 위한다 할지 몰라도 그것은 주님을 두 번, 세 번 십자가에 못박는 일밖에 안 되는 것이다.

그리스도인들 그리고 사역자들에게 물어보면, 지금 하는 일에 대해 대부분 주님이 시키신 일이라고 말한다. 이미 주님은 성경을 통해 우리가 어떻게 살아야 할지를 다 말해 주시고 하늘나라로 가셨다. 우리가 어떻게 살아야 할지, 어떤 일을 하지 말아야 할지 이미 성경책에 다 기록되어 있는데, 사람들은 늘 과거나 지금이나 성경에 없는 일을 때론 만들어서 주의 일이라고 우기며 열심히 하려 한다. 그러면서 말하기를, 그 시대는 전기도 없던 시절이라 성경에 기록되지 않은 것뿐이라 한다.

그러나 한번 생각해 보자. 시간의 주인이신 주님이 미래에 일어날 일을 몰라서 어떤 일은 기록하고 어떤 일은 기록하지 못하셨겠는가. 일례로 나는 예배와 집회를 성경에 따라 철저히 구분하는 편이다. 예배는 나 자신을 속죄 제물로 혹은 번제로 하나님께 온전히 드리는 시간이다. 그래서 예배에는 '드리는 순서'들이 많다. 찬양을 드리고, 기도를 드리고, 마음을 드리고, 물질을 드리고, 나의 상한 심령을 드리고, 그래서 하나님을 기쁘시게 하는 그 과정이 예배라는 것이다. 그러나 집회는 모인 사람들을 기쁘게 하여 하나님을 영접하게 하는 전도 집회여야 하므로 사람이 많이 모이는 것이 중요하다. 예배와 경우가 좀 다른 것이다.

그럼에도 이 시대에 공연 같은 예배가 얼마나 많은가. 그것 자체가 잘못이라는 이야기가 아니라 그것은 집회이지 예배가 아니라는 것이다. 구약의 제사장들이 제사를 드릴 때 전도를 위해 제사를 드렸는가. 그러한 목적으로 황소와 양을 바쳤는가. 아니다. 자신의 죄를 씻고 하나님이 심히 보기 좋으시게 자신을 전부 드렸던 것이다.

하나님을 기쁘시게 하는 것과 사람을 기쁘게 하는 것은 형식이 비슷하다 할지라도 어마어마한 차이가 있다. 바로 아벨의 제사와 가인의 제사를 생각해 볼 수 있다. 가인도 아벨도 다 열심히 드렸다. 그러나 하나님의 방법이 아닌 다른 방법으로 드린 제사는 하나님께서 받지 않으셨다.

인간들 자신의 만족을 위한 예배는 그냥 그들의 모임일 뿐이다. 성경에서는 이야기한다. 믿음이 하나님을 기쁘시게 한다고⋯⋯. 우리의 예배가 하나님을 기쁘시게 하기 위해서는 반드시 하나님 중심적인 예배를 드려야 할 것이다.

또한 주님은 "작은 자 하나에게 한 것이 곧 내게 한 것이니라"(마태복음 25:40)고 말씀하신다. 의인이 되려면, 즉 주님을 기쁘시게 하려면 고민할 것이 아니라 주변의 작은 자에게 자신의 정성을 드려야 한다는 것이다.

그러나 많은 기독교인과 사역자들까지도 늘 큰일에 관심이 있지 작은 일에는 별 관심이 없다. 마치 세상의 논리처럼 더 크고, 더 빠르고, 더 높은 것에만 관심이 있지 작은 자에는 별 관심이 없다는 것, 이것이 현실이다.

얼마 전에 다큐멘터리 영화 〈울지마 톤즈〉를 서너 번 보면서 주인공 이태석 신부의 수단교회를 보게 되었다. 문둥병 환자와 어린아이와 굶어서 비쩍 마른 사람들 열댓 명이 모인 곳이 그 교회였다. 나는 그 교회가 이 지상에서 가장 아름다운 교회임을 깨달았다.

사실 나는 14년 전 은혜 받고 지금까지, 참으로 아름답다고 느끼는 교회를 많이 보지 못했다. 내 무지함 때문인지는 몰라도 교회가 공룡처럼 비대해질수록 마음은 더 아프고 관심이 없어지기만 했다. 내 전공이었던 지질학에서 배운 바에 의하면 공룡은 그 큰 몸집을 유지할 먹이가 없어 결국 그 시대는 막을 내렸다고 보는 학자들의 견해가 지배적이며, 세상의 한 분야에서 최고가 되어 본 사람으로서 주 안에서까지 세상의 법칙을 기준 삼고 싶지 않기 때문이다.

교회가 교회 됨은 성도들이 주 안에서 기뻐함에 있지 않을까 생각해 본다. 그래서 더 성경을 읽고 싶고, 기도하고 싶어지고, 이웃을 생각하게 되며, 하지 말라고 해도 구제와 선교를 저절로 하게 되는 것이 참교회의 모습이 아닐까. 그러한 성도들로 이루어진 교회를 어찌 주님이 기뻐하지 않으시겠는가.

주 안에서 세월이 흐를수록 사랑이라는 단어가 머릿속에 자꾸 맴

돈다. 주님은 우리에게 서로 사랑하라고 강조하셨는데 우리는 이것을 온전히 행하며 살고 있는지, 혹시 사랑할 만한 대상만 사랑하는 것은 아닌지 스스로에게 물어본다.

만일 우리 앞에 문둥병에 걸린, 그래서 고름을 흘리는 형제가 있다면 그를 안아 줄 믿음이 있는가. 아니, 관계가 뒤틀어진 형제자매에게 사과하며 사랑한다고 그를 끌어안을 수 있는가. 바로 이것을 주님은 기다리고 계시지는 않는지. 바로 이것이 주님이 기뻐하시는 일인데……. 아니, 나중에 보니 바로 그 형제자매가 주님이었다면 어떻게 하겠는가.

성경 66권 중 복음서만 읽더라도 우리는 할 일이 참 많다는 것을 알게·된다. 그러나 보통의 기독교인들은 자신이 원하는 것을 하고 싶어서 갖가지 기도 중에 있다. 이왕이면 주 안에서 한자리하고 싶어서. 성경에서 주님이 시키신 일들은 말로는 매우 간단하지만 따라 하기엔 너무 어렵다.

그래서 바른말을 전하면 싫어한다. 그러나 우리 믿음의 선진들은 죽기까지 하며 바른말을 전하지 않았던가. 그리스도인이 바른말하기를 두려워한다면 누가 이 세상에 소금이 되어 주겠는가.

또한 히브리서 11장 8절에서 부르심에 순종하는 자가 의인임을 알 수 있다. 사람마다 얼굴이 다르듯이 하나님이 만드신 목적이 다르다. 주님이 시키실 일들도 다르다. 바로 그것이 각 사람을 위한 부르심이다.

순종이라는 단어는 '미래를 예측할 수 없음'과 곧바로 연결된다. 내가 하는 일은 어느 정도 내가 미래를 예측한다. 하지만 순종이라는 단어는 곧바로 우리를 불확실한 미래에 대한 두려움과 연결시킨다. 그래서 믿음 없이는 순종할 수 없다.

많은 사람들이 자유의지라는 것에 대해 이야기하기 좋아한다. 그러나 믿음이 깊어질수록 자유의지가 점점 필요 없어진다. 순종할 의지가 필요하지, 자유의지는 언제나 이루어질 일을 느리게 할 뿐이라는 사실을 거듭 깨닫게 된다.

하나님은 우리를 이런 모양, 저런 모양으로 부르신다. 그러나 그 부르심에 단번에 응답하는 사람은 드물다. 주님이 베드로에게 나를 따르라고 하셨을 때 그 베드로의 마음은 어떠했겠는가. 그물을 버리고 따른다는 것은 어부로서 꽤 괜찮은 직업을 포기하는 것이었다. 다시 말해 먹고사는 것을 주께 다 맡긴 것이다. 그래서 부르심에 순종하는 것이 어렵다.

수단 톤즈에 가서 사역하신, 지금은 천국에 계신 이태석 신부님도 먹고사는 것을 다 내려놓은 것이다. 바로 그 면이 나 같은 목회자의 마음을 때린다. 내 믿음의 연약함과 큰 빛 앞에서의 부끄러움 때문에…….

하지만 나 역시 때가 되면 주님이 가장 바라시는 자리에 있을 것을 확신한다. 물론 쉽지는 않다. 그러나 어차피 한 번 살고 하늘나라 가는 것임을 우리 모두 명심한다면, 그리고 그곳에선 하나님과 만나야 한다는 것을 굳게 믿고 있다면, 모든 일이 좀 쉬워지고 아름다워질 것이다.

이 세상에는 두 유형의 그리스도인이 있다고 한다. 하나는 꿈을 꾸는 자요, 다른 하나는 꿈을 이루는 자라고.

지금 나는 어디에 속하는가.

의인은 그 꿈을 이루는 사람이다. 숨이 붙어 있다면…….

사람과 사람

*

*

*

    주를 알고 나서 약 14년간의 회복기를 거치면서 내 인생 가운데 두드러지게 달라진 것들이 많지만, 그중에서 말하고 싶은 것은 바로 사람을 보는 시각이다. 일반적으로 그렇듯이 그리스도의 사랑을 모르면 사람을 귀하게 여기지 않게 된다. 자신의 교만이라는 굴레에 가리워 있기에, 가족을 포함하여 하나님이 허락하신 주변 사람들에 대해 그 귀중함을 깨닫기가 무척 힘들다.

    그래서 사람에게 가장 상처를 주는 존재는 사람이 아닌가 생각된다. 사람에게 가장 못된 짓을 하는 것도 사람, 사람을 정신적·육체적으로 말살시키는 것도 사람이다.

    어느 신이 불의한 의도로 사람을 병들게 하는가. 어느 동물이나 식물이 사람에게 상처를 주는가. 사람은 사람 때문에 살기도 하고 사람 때문에 죽기도 한다.

    나는 지난 6년간의 목회를 통해 앞서 말한 많은 진리를 주님께서 깨닫게 하셨고, 그 깨달음을 실천하다 보니 나와 가정이 회복되어 갔으며, 이제는 사람을 대하는 내 모습이 자연스럽게 변했음을 고백하지 않을 수 없다.

정말 예전에는 사람 차별을 많이 했다. 그래서 주변에 사람이 많아도 늘 외로웠다. 이 사람은 이래서 안 되고 저 사람은 저래서 안 되니…… 늘 사람이 부족했다.

그러나 이제는 한 사람에 대해서도 그 사람의 여러 귀한 면을 사랑하게 되니, 지금 한 명이 예전 열 사람보다 더 귀중하게 생각되는 것이다.

사람을 귀하게 여기지 않는다는 것은 바로 '교만'이라는 마음에서 비롯한다. 그러나 대부분의 사람들이 자신이 교만하다는 것을 모른다. 그렇기에 사람을 무시하고 자신에게 주어진 사회와 상황을 인정하려 하지 않으며 결국 가정이 깨지기도 하고, 하는 일에 만족하지도 못하며, 늘 다른 사람을 탓하는 사람이 되고 만다. 문제는 그럼에도 자신에게 문제가 있다고 생각하지 않는 것이다.

사람을 귀하게 보지 않는 사람은 늘 새로운 것을 찾는다. 친구도, 일도, 자신의 환경도……. 사람을 귀하게 대하지 않으면 결국 사람뿐만 아니라 자신과 부딪치는 현실에서의 모든 만남 역시 귀하게 여길 수 없기 때문이다. 그 상대가 사람이든 사물이든 어떤 상황이든 간에…….

연세가 많은 목회자분께 들은 이야기가 있다. 주로 전도 집회를 하고 다니시는 그분 말씀이 "조 목사, 이제 집회 하나하나가 참 소중하게 생각된다네. 내가 이 세상 떠날 때까지 얼마나 집회를 더 할 수 있을까 생각하면, 지금 요청받는 집회 하나하나가 너무 소중하게 느껴지네"라고 하셨다. 신앙의 연륜이 깊어질수록 작은 것 하나가 소중하게 느껴진다는 것이다. 참으로 귀한 말씀 아닌가.

우리가 예전에 얼마나 많은 일들을 소홀히 하였던가. 조금만 일찍 성숙하였더라면 자신의 인생의 역사가 바뀌었을 거라고 생각하는 사람이 많으리라 생각된다.

나 역시 예외는 아니다. 예전에 음악하던 시절, 눈앞의 좋은 것들을 당연하다고 받아들였지 한 번도 감사하다거나 기쁨으로 겸손하게 받아들인 적이 없었다. 늘 내가 받는 것은 당연하고, 못 가지면 잘못된 것이고 하는 식의 교만이 나를 더 열심히 살지 못하게 했다.

만일 지금의 열심을 가지고 그때 그런 일들을 했더라면 내 과거가 바뀌어 있을 것이다.

교만이 낳는 결과 중 하나는 싫증이다. 싫증은 결국 사람을 피폐하게 만든다. 1년 전만 하더라도 자신이 좋아서 산 것을 싫다고 버리게 된다. 물건뿐만 아니라 사람도, 환경도 자꾸 버린다. 다른 의미로 말하면, 도피하는 것이다.

싫증난 것으로부터 도망가는 것이다. 그래서 버릴 수 없는 것일 때는 상황을 깨부순다. 그것이 심해지면 결국 인생에 대해 싫증을 느끼다가 자신을 끝내게 된다. 북아메리카의 아티스트들 사이에, 그리고 최근 한국에 자살이 많은 것은 쉽게 싫증내는 문화가 깊숙이 자리 잡았기 때문이다. 그래서 쉽게 얻고, 쉽게 잃고, 쉽게 사랑하고, 쉽게 미워하고, 쉽게 은혜 받고, 쉽게 은혜 쏟고, 쉽게 살다가 쉽게 죽는다.

혹자는 이렇게 말한다. 사람이 절망을 느끼지 않고는 믿음을 가질 수 없다고. 참 맞는 말이다. 아직 기댈 게 있으면 어찌 주 예수를 믿으려 하겠는가. 일요일마다 교회 가야지, 하지 말라는 것도 많지, 헌금도 해야지……. 교회 다니는 일이 쉬운 일은 아니다. 그러나 자신에게 문제가 생겨서 돈과 권력, 그 어떤 세상적 방법으로도 안 되는 일이 생겼다면 어떻게 하는가. 즉 사방팔방이 막혔을 때 우린 비로소 하나님을 찾게 된다. 절망 없이 주를 믿는 자는 그 깊이가 얕을 수밖에 없고, 언제라도 변심할 수 있다.

얼마 전 나에게 어느 감독이 인터뷰를 하면서 예수 그리스도의 존재가 내게 어떤 분인지 묻는 시간이 있었다. 그때 나는 자연스럽게 이야기했다. "예수님은 대체로 사람들에게 좋은 분, 도와주시는 분, 기도를 들어주는 구주 등으로 이야기될 수 있지만, 나는 그분 때문에 살았으니 그분이 바로 내 생명입니다"라고. 그리고 "지금도 나는 그분 없이는 살 수 없습니다"라고 지극히 당연하게 말했다. 그것은 바로 주님이 죽어가는 나를 살리셨기 때문에, 그리고 지금도 주님의 인도하심 없이는 하루도 살 수 없기에 그러한 고백이 쉽게 나온 것이다.

나 역시 절망 가운데서 주를 찾았다. 만일 나에게 그러한 상황이 없었더라면 나는 계속 무신론자로 살았을 것이다. 즉 위기가 기회가 된 것이다. 어떤 이는 이렇게 물을 것이다. 그렇다면 기독교는 절망의 종교냐고, 혹은 인생의 패배자들의 종교 아니냐고⋯⋯. 그렇지 않다. 절망을 사용하시는 것이다. 바로 그 절망 덕에 주님을 만나게 되어 예전에 상상도 못 하던 삶을 살고 있지 않은가.

지금 두 아들을 보면서 느끼는 것은, 내가 옛 모습을 그대로 지니고 살았더라면 아이들 역시 나를 답습하여 좀 특별한 20대 청년들이 되지 않았을까 하는 것이다. 한 사람이 절망을 통하여 주를 만나고 회복실로 들어가자 주위 사람들이 산 것이다.

성경에 보면 가끔 뒤늦게 이해되는 구절이 있다. "우리가 환난 중에도 즐거워하나니 이는 환난은 인내를, 인내는 연단을, 연단은 소망을 이루는 줄 앎이로다"(로마서 5:3-4). 예전에 신학교 다닐 때만 하더라도 다른 것은 이해가 되는데 "연단이 소망을 낳는다"는 대목을 그리 깊이 이해하지 못했다. 그것은 사도 바울의 특수한 환경에서 비롯한 말이라고 생각했다.

그러나 이제는 그 대목이 내 이야기가 되었다. 이곳 캐나다에 벌써

만 8년쯤 살다 보니 집사람도 그렇고 가끔 나도, 그리고 애들까지도 외로움을 느끼게 된다. 특히 내게는 이곳에 10촌 이상이라도 되는 친지 하나 없다. 그리고 목사에게 친구라는 존재는 더욱 쉽지 않을 것이다. 그러나 한 치의 오차도 없으신 주님께서 내 인생에 왜 이러한 광야를 허락하셨을까 기도하며 생각해 보니, 과거의 내 못난 성품이 떠올랐다. 그것은 주변을 감사하지 못했던 내 우매함이었다.

그것을 깨달은 뒤 주변의 일과 사람을 돌아보니, 할 수 있는 일과 해야 할 일들 그리고 만나야 할 사람들이 내 앞에 제법 있음을 알게 되었다. 예전의 나는 언제나 내가 원하는 일을 하려 했고 내가 만나고 싶은 사람을 만나려 했다. 그러나 그것이 주님 보시기에는 목회자로서는 고침 받아야 할 부분이었던 것이다.

내가 만일 이 캐나다 외딴곳에서 목회를 하지 않았더라면 나는 사람 차별은 하지 않았을지 모르지만 한 영혼이 이토록 귀한 줄은 모르고 지나쳤을 것이다. 사실 이곳에서의 목회와 이민생활이 힘들어 눈물을 많이 흘린다. 하지만 그것은 헛된 것이 아니었다. 자꾸 눈물을 흘릴수록 앞에 있는 사람이 달라져 보이기 시작했다. 한 영혼의 고귀함을 진정으로 현실에서 깨달은 것이다. 즉 연단 없는 소망이란 없음을 깨달았다.

늘 주를 믿으면서도 우리에게 어려움이 많은 것은 연단 없는 소망만 찾으려 하기 때문이 아닐까. 겨울이 없으면 개나리는 꽃을 피우지 못한다. 그렇듯이 우리에게 삶의 차디찬 겨울은 꼭 필요한 것이다. 그 연단을 통과했을 때 비로소 우리는 하나님이 허락하시는 봄날에 아름다운 꽃을 피울 수 있다.

그래서 이제 단에서 설교하는 일 하나하나가 귀하다. 그리고 심방도 귀하다. 요청받는 집회 역시 너무도 귀하며, 내 곁에 계신 성도님들은 더더욱 귀하다. 그러나 눈물을 쏙쏙 빼기 전에는 이렇게까지 느끼지 못했다.

누구든지 사람이 많이 모인 곳에서 무언가를 하라고 하면 좋아한다. 그러나 한 영혼을 위하여 울며 기도할 수 있는 것은 쉬운 일이 아니다. 빛도 없고 그림자도 없기 때문이 아닐까…….

언제부턴가 하나님은 내가 집사람을 바라볼 때 가끔 돌아가신 장인어른의 눈을 빌려 주신다. 그러면 나는 깜짝 놀라지만 진실을 보게 된다. 그때 집사람의 모습을 보면 너무 미안하고, 또 미안하고, 고맙다.

주님을 인격적으로 만난다는 것은 주님의 마음같이 내 마음이 바뀌는 것을 의미한다. 그렇기에 모든 것을 주님이라면 어떻게 하셨을까 하며 생각하게 된다. 우린 너무 쉽게 은혜라는 말을 쓴다. 그러나 내가 은혜를 받았다면 나보다 주변에서 먼저 나를 인정해야 할 것이다.

나는 한 사람이 다른 한 영혼을 위해 울면서 기도한다는 것은 거의 불가능하다고 생각했던 사람이다. 신학교 시절에도 사람이 많이

캐나다에서 어느 집에 아내와 함께 초청되어 식사하다가,
20년 동안 내 앨범 모두를 소장하고 있는 자매님을
우연히 만나 앨범에 사인해 주는 모습.

모인 단체를 위한 기도라면 모를까, 한 영혼을 위한 기도는 형식적일 것이라고 생각했다.

그러나 주님은 달랐다. 그분은 나 하나 때문에 여러 사람의 마음을 감동시키셨다. 그리고 내게 특별히 어려운 상황을 연출해 주시고, 갈증을 느끼게 하시고, 급기야 성경도 읽게 하시고, 가장 필요한 평안을 주시겠다는 말씀으로 나타나 나를 살려 주셨다. 나 한 영혼을 위해 하신 일이 너무 많으셨다. 나 때문에 하나님의 배우 역할을 하신 분들도 당시 내 주변에 참 많았다. 내게 주님은 원래 아는 관계도, 친척도 아니었다. 그러나 그분은 나 같은 한 영혼을 위해 우신 것이다.

주를 안다는 것은 바로 이렇게 우리도 되어 가는 것이다. 꼭 크고 대단한 일에만 주님이 함께하시고 기뻐하시는 것은 아니다. 우리가 주님 흉내를 내려고 노력할 때 주님이 기뻐하시고 나도 기뻐진다.

한 영혼을 위해 기도해 보라. 계속 매달려 기도해 보라. 기도하는 사람을 하나님이 진실로 책임져 주신다.

하나님은 정말로 좋으신 나의, 우리의 하나님이시다.

시간 속에서

*

*

*

세월이 빠른 것은 느꼈지만 세월에 대해 구체적으로 생각해 본 적은 없었다. 지나온 나날을 생각해 보면 한 1년처럼 느껴지기도 하고 어떤 때는 몇 시간 같기도 한데, 어느덧 쉰을 넘긴 나이가 되어 버렸다.

이 시점에서 시간을 생각해 본다. 시간이 무엇인가. 무엇이기에 문학작품에, 유행가 가사에, 그리고 성경에 그렇게 표현되어 있는지.

나는 이러한 진리를 생각해 본다. 우리 모두 시간에 붙어 있다는 것을. 사람이든 동물이든 이 대자연에 속한 모든 것은, 다시 말해 적어도 우리 눈에 보이는 모든 것은 시간의 제약을 받고, 시간에 종속돼 있다는 것을 깨닫는다. 누구도 시간으로부터 자유로워질 수 없다. 시간을 만드신 분 외에는 어떤 생물도 시간 밖으로 나갈 수 없지 않은가.

우린 삶을 종종 여행에 비교한다. 그 여행은 시간이라는 철로를 달리는 열차임에 분명하다. 결코 쉬는 법이 없다. 차창 밖으로 30세, 50세라는 정거장 표지가 보이나 대부분의 사람들은 그것을 열차 안에서 보며 그냥 지나쳐야 한다.

가끔 그러한 정거장 푯말을 보고 내리는 사람들이 있다. 하늘나라를 가든 음부를 가든, 그들에게 그날은 이 세상을 떠나는 날이다. 즉 죽음으로써 시간으로부터 자유로워지는 것이다.

왜 그렇게 하나님은 우리를 시간에 종속된 존재로 만드셨을까. 거기에는 쉽게 답이 내려지지 않는다.

"술 앞에 장사 없다"는 말이 있다. 천하장사라도, 그 누구라도 술을 많이 먹으면 탈이 나고 오래 못 산다는 이야기다. 그와 마찬가지로 시간 앞에 장사 없다. 그토록 위세를 떨치던 독재자도, 너무도 튼튼해 보이던 운동 스타도, 시간이 지나면 다리에 힘이 빠지고 더 지나면 쭈글쭈글해져서 어느 날 이 지구상에서 조용히 사라지게 된다.

만일 하나님이 1년을 한 시간처럼 빠르게 지나가게 하신다면 우린 대부분 80여 시간을 살고 떠날 것이다. 그리고 우리의 늙어 감이 우리의 눈으로 보일 것이다. 마치 영화에서 보듯 말이다.

시간의 주인이신 하나님은 우리를 그렇게 보고 계실 것이다. 나의 출생부터 나의 비석까지 한눈으로 보고 계신다.

그래서 때론 시간이 흐르는 것이 너무 싫고 허무하다. 한 시간이라도 아껴 쓰고 싶지만 현실은 그렇지 않기 때문이다. 나는 내가 마흔이 되고 더욱이 50대가 된다는 것은 생각조차 해본 적이 없다. 그저 대학 강당에서 콘서트하던 대학 2학년 봄 같은 날로 내 인생은 계속될 줄로 생각했다.

나뿐만이 아니라 대부분의 사람들도 그렇게 생각하며 산다. 그러다가 생각과는 달리 이상하게 시간이 흘러 버리면 성격이 급한 친구들은 자살을 택하기도 한다. 추해지는 것이 싫기 때문에……. 아마 너바나Nirvana의 싱어 커트 코베인이 그런 경우라 할 수 있겠다. 그 친구는 더 늙고 추해지기 전에 죽어 버리자고 했다.

그러하기에 다음 사실을 인정하는 것이 필요하다. 나는 늙고 있으며 언젠가는 꼬부랑 노인이 되고, 그리고 죽는다는 것을. 바로 이 점을 인정해야 미리 죽으려고 노력할 필요가 없어진다. 그러면서 늙어 감을 받아들이고 그것을 사랑하려고 노력하게 된다. 사실 어찌할 도리가 없지 않은가.

50대, 60대에 더 추해지는 사람도 있다. 끝이 다가오는 것은 알지만 무엇을 해야 할지는 모르기에 조잡하고 추한 일들을 서슴없이 하게 된다. 조금이라도 더 행복하게 살다 가려고. 그래서 황혼 이혼이 많은가 보다. 죽기 전에 젊은 사람과 멋지게 살고픈 욕구를 위해서, 혹은 그 지겨운 결혼생활을 과감히 끝내는 것이 아름답다고 생각하기 때문에. 그러나 해본 사람은 알겠지만 그것도 해결책이 되진 않는다.

바로 이 유한함, 끝이 있을 수밖에 없는 게임을 하고 있다는 사실을 깨닫고 그 시간을 인정하며 그 상황에 맞게 융통성 있게 사는 것이 지혜로운 것이 아닌가. 축구에서도 후반전 30분 남겨 놓고 전력을 다하듯이 말이다.

잘 생각해 보면 유한함이란 답답한 것만은 아니다. 반대로 무한함을 생각해 보자. 영원히 산다면 지금처럼 열심히 살겠는가. 아니 500세를 산다면 지금 우리는 무엇을 하고 있겠는가. 영화가 아름다운 것은 끝이 있기 때문이다. 아무리 재미있는 영화도 열 시간 동안 보라고 하면 애초에 보려는 사람이 별로 없을 것이다. 음악도 3분 혹은 5분 정도가 듣기 좋은 순간이 될 것이다. 만일 한 곡의 길이가 몇 시간인 노래가 있다면 그것을 부르는 것이나 듣는 것은 즐거움이 아닌 고통이 될 것이다.

잘 생각해 보면 삶도 마찬가지다. 20대, 40대, 60대가 있다고 무의식에서 말하기에 열심히 살려 하지 않는가. 예술 작품이 아름다운 것은 그러한 한계가 정해진 시간과 공간 속에서 그 아름다움을 다 표현하기 때문 아닌가. 그런 것처럼 주님은 우리로 하여금 인생을 아름다운 작품으로 만들게 하시려고 한정된 시간을 주신 것은 아닌지…….

작품을 만드는 예술가나 문학가는 쓸데없는 곡조나 이상한 글을 자신의 작품에 삽입하지 않을 것이다. 그것은 작품을 망치는 길이기 때문이다. 이와 같이 자신의 유한함을 깨닫고 받아들이는 사람만이 자신의 인생을 누가 보아도 의미 있고 아름다운 인생으로 만들고자 애쓸 것이다.

그렇게 생각해 보면 우리 주변에 존재하는 가족과 이웃은 모두 헤어짐의 대상이다. 그것만으로도 그들에게 잘할, 그들을 사랑할 충분한 이유가 된다. 떠나면서까지 싸우고 떠나는 사람은 없다. 영원히 살 것 같기에 싸우는 것이다.

그래서 나에게는 예수 그리스도가 필요했나 보다. 그분을 알면서 제일 먼저 깨달은 것이 나도 죽는다는 것이었다. 그리고 그것을 깨달음이 나를 '우울함'과 '공허함' 그리고 '의미 없음'에서 구해 준 것도 사실이다.

끝이 다가오고 있다는 것을 실감할 때 우린 겸손해질 수 있다. 그리고 참고 인내할 수 있다.

주를 알고 나서 가장 달라진 것 중 하나는 한 번 정해진 것은 가능하면 취소하지 않는다는 것이다. 언제 또 그 같은 일이 생길지 모르기 때문에 작은 만남, 작은 음악회, 작은 집회, 조촐한 예배와 성경공부, 모두가 귀하다. 끝을 모르던 시절에는 곧잘 취소하던 기억이 있다. 몸이 아파서 어쩔 수 없었던 적도 있다. 그러나 하기 싫어서, 귀찮아져서, 다른 일이 더 하고 싶어서 취소한 적이 더 많았다.

그러나 지금은 상황이 다르다. 그냥 가만히 있는 것보다는 그 무엇이라도 내 인생에 소중하다. 작은 만남부터 커다란 일까지……. 언제 또 이런 일이 있을까 하며 가능하면 순종하려고 한다. 그렇지만 아직도 가장 힘든 것이 순종이다. 하나님의 별명別命이 없는 한 그 자리를 지키는 순종 말이다.

베네딕트 수도원에 들어가려면 누구나 서약서를 써야 하는데 그 서약 가운데 하나인 정주는, 한번 수도원에 들어온 사람은 다른 수도원으로 옮길 수 없는 것이라고 했다. 즉 이것은 그 수도원에 뼈를 묻는다는 얘기다. 말은 쉽지만 결코 쉬운 일이 아니다. 그것은 순종을 초월한 더 큰 의미의 순종을 요하기 때문이다.

만일 오늘이 마지막이라면 오늘 저녁 약속을 취소할 수 있을까. 요사이 젊은이들 문화의 추세가 '끓는 냄비'인 듯하다. 언약, 백년해로 등을 이야기하면 조선시대 사람으로 몰린다.

성경에는 앞에 있는 것을 피하지 말고 통과할 때 그 너머에 가나안이 있음을 알려 준다. 그럼에도 불같은 시련을 스스로 통과하는 그리스도인은 거의 없다. 가능하면 시원한 곳을 찾아 돌아간다.

그런데 그렇게 피하다 보면 나중에는 피할 길이 사라지고 저기 시커먼 그림자가 기다리고 있다. 그것이 사망이다. 나도 한때 피하는 데에는 일가견이 있었기 때문에 누구보다 그 끝을 잘 안다.

그러나 이제는 더 이상 피하지도 않고 피하고 싶지도 않다. 오히려 사건 하나하나, 만남 하나하나가 귀하다. 시간 낭비, 인생 낭비하기가 싫다.

지금도 시간은 흐르고 있다. 그리고 우리에겐 선택권이 있다. 피할지 부딪칠지, 선을 택할지 악을 택할지…… . 정말 자신의 유한함을 아는 사람은 이제 더 이상 바보 같은 짓 하지 않는다. 그래서 마음은 울어도 늘 얼굴은 웃을 수 있다.

〈해야〉를 작곡한 지 만 32년이 흘렀다. 앞으로 한 번 더 32년이 흐르면 나는 어디에 있을까. 지난 32년이 하루같이 느껴지기도 한다. 더 이상 어리석게 삶을 살고 싶지 않다.

오늘도 새로 생긴 주름을 보며, 하루하루 희어져 가는 머리를 보며 내 앞에 일이 있음을, 내 앞에 이야기할 사람이 있음을 감사드린다. 하나하나가 참으로 소중하다. 감사, 감사, 감사!

여호와 우리 주여 주의 이름이 온 땅에 어찌 그리 아름다운지요

(시편 8:9)

죽음으로 생명이

*
*
*

　우린 '자연을 통해 배운다' 혹은 '자연의 법칙에 순응하며'라는 말
을 할 때가 있다. 이 말은 인간이 거역할 수 없는 대자연의 법칙이 있
으며, 우리 또한 이 법칙에 해당될 때가 대부분이라는 의미다.

　예를 들어 자연을 구성하고 있는 식물들의 경우, 가을엔 낙엽이
지고 긴 겨울 동안에는 죽은 나무의 모습을 하고 있으며 봄이 되
면 다시 꽃을 피우는 등, 사람이 보기에는 무척 신기한 일들을 계
속 되풀이하고 있다. 겨울에 보면 절대 살아날 것 같지 않던 식물
이 다시 봄이 되면 몽우리를 내면서 잎사귀부터 내는 것이, 어찌 보
면 기적 같아 보이기도 하는 그 대자연의 섭리라는 것에 가끔 고개
가 숙여진다.

　또한 동물 세계의 그 끝없는 먹이사슬로 인해 팽팽하게 균형 잡힌
상태로 늘 우리와 함께하는 자연의 법칙 앞에, 그저 하나님을 생각
하며 과학이나 논리로는 풀 수 없는 신비로움에 감탄할 따름이다.

그런데 여기서 짚고 넘어가야 할 것이 하나 있다. 그것은 바로 '죽음'이라는 좀 어색한 단어다. 생태계가 유지되기 위해서는 반드시 죽음을 필요로 한다는 것. 작게는 식물이 내년에 좀더 키 큰 모습으로 많은 꽃을 피우기 위해 잠시 죽음 같은 겨울을 맞이해야 하는 것부터, 어떤 생물은 어미가 죽음으로 그 새끼가 살아 생존하는 것 같은 '죽음과 생명의 연결'을 우리에게 말해 주는 경우가 부지기수로 많다.

우리 주변에서 쉽게 볼 수 있는 거미는 모성이 강한 것으로 알려져 있다. 우리나라에 서식하는 염낭 거미만 보더라도 암컷은 번식기가 되면 나뭇잎을 말아 작은 주머니 모양의 둥지를 만들고 그 속에 들어간다. 천적으로부터 새끼를 보호하기 위해 외부와 완전히 차단된 공간에서 알을 낳는 것이다. 그 후 어미 거미는 새끼가 부화하고 나면 기꺼이 자신의 몸을 내어 준다. 즉 영양이 가득한 자신의 몸뚱이를 새끼들의 먹이로 내어 주는 것이다. 죽음을 초월한 어미의 이런 희생으로 어느새 독립할 정도로 자란 새끼들은 둥지를 뚫고 나와 바람 따라 제 길을 찾아 흩어져 간다.

이것이 한 생명의 죽음이 또 다른 한 생명을 만들어 낸다는 자연의 법칙, 하나님의 법칙이다. 동물의 경우 역시 동물의 먹이가 되는 식물이나 작은 동물의 죽음이 있어야 다른 한 생명체가 살아갈 수 있는 것, 이것이 자연의 기본 법칙이자 하나님이 만드신 대자연의 섭리인 것이다.

캐나다에서 살던 집 뒷마당의 나무들.

어떤 사람은 죽음을 끝이라고 생각한다. 그러나 자연의 법칙, 하나님의 법칙은 다르다. 우리의 죽음이 또 다른 생명을 만들어 내는 부활로 이어진다는 것, 이것을 우리는 기독교의 꽃이라고 부른다. 그래서 저 세상 너머에 있는 하나님의 나라, 천국에 들어가려면 우리 역시 죽음을 통과해야 한다. 그래야 새 생명이라는 좀더 크고 아름다운 꽃을 피울 수 있는 것이다.

이것은 그리스도를 믿는 사람들의 삶에서도 마찬가지다. 죽음 같은 좌절, 끝이라고 생각했던 그 고통이 바로 새 삶의 시작이 된다.

이 세상을 살면서 끝이라고 생각하는 그런 고난과 어려움을 겪는 사람들이 많이 있다. 그런데 그것이 새로움의 시작이라고 생각하는 사람은 적다. 그저 더 망가지려고 자신을 포기하는 사람이 많을 뿐이다. 그러나 성경에 따르면 바로 그때가 주님이 일하시기 시작하는 시간이요, 그래서 그때 주를 찾으면 바로 생명까지 얻게 된다. 그러나 포기하면 그냥 끝이라고 말씀하신다.

하나님은 "간절히 찾는 자에게 나타나신다"(잠언 8:17)고 약속하셨다. 지금 어느 분에게 죽음 같은 어둠이 함께하고 있다면 바로 이 순간이 하나님을 찾을 때라고 말씀드리고 싶다. 가장 깊은 밤이 새벽을 알려 주듯이 말이다. 가장 큰 고통이 오히려 삶의 새로운 날의 새벽을 맞이하는 순간이 되는 것이다. 이것이 예수 그리스도를 믿는 자들의 특권이며, 기쁨이기도 하다.

또한 그리스도 안에서는 절망이 희망이라고 말한다. 약 2천 년 전에 하나님이 인간의 옷을 입고 오셔서 많은 사람들이 좋아했고 무언가 큰일이 일어나리라고 예상했다. 적어도 로마 군사들을 깜짝 놀라게 할 일들을, 그를 따르던 추종자들은 기대했던 것이다. 그런데 예수님은 3년 동안 병자를 고치고 천국을 전하면서 복음만 전하시다가 당시 최고 군부 세력인 로마 군사들에게 붙잡혀 결국 최고형인 십자가 형틀에서 비참하게 죽으셨다. 마치 기대했던 사람들에게 절망을 주듯이 말이다.

당시 사람들은 예수 그리스도가 행하시는 기적을 보면서 그가 틀림없는 메시아이며, 홍해가 또 갈라지는 일 같은 것을 통해 반드시 적군 로마로부터, 율법주의자들로부터 멋지게 구원해 주시리라 믿었던 것이다. 그런데 구원은커녕 예수님이 잡혀서 십자가형으로 죽게 되었으니 구원이 아니라 절망 그 자체였다.

한번 생각해 보자. 그렇게 믿었던 그들의 왕이, 그들의 구원자가 비참히 십자가에 죽으셨다는 것……그들에게 무슨 희망이 있었겠는가.

그런데 예수님은 바로 그 비참한 죽음을 '최고의 희망과 소원을 상징하는 구원의 징표'로 삼으셨다. 예수님이 죽으심으로 비로소 구원이 시작된 것이다. 이렇게 그리스도 안에서는 칠흑 같고 굴욕적인 십자가 처형마저 역사상 가장 아름답고 귀중한 사건으로 변모된다. 이것이 바로 기독교의 아름다움 아닌가. 주 안에서는 절망은 없다. 오직 희망뿐인 것이다.

세상에서도 아름다운 예술 작품을 빚어내는 예술가들의 모습이 어떤가. 국회에 등원하는 국회의원들의 겉모습처럼 깔끔하고 아름다운가. 아름다운 예술을 빚어낼수록 본인의 삶은 더더욱 망가지듯이, 또한 한 편의 그림을 완성하기 위해 미술가의 모든 내면이 다 빠져나가듯이, 한 여인이 아기를, 새 생명을 탄생시키기 위해 본인의 아름다운 곡선이 무너지듯이, 나비가 날기 위해 누에고치가 망가져야 하듯이, 고통 없는 생명이란 없다. 있다면 그것은 일시적인 것, 혹은 조화造花처럼 향기 없는 생명일 것이다.

그래서 예수님의 고통과 죽음 하나하나가 우리에게는 생명을 주시기 위함이요, 영원한 소망을 주시기 위함이었음을 알게 된다.

예수님은 유월절에 죽으셨다. 유월절 어린 양이 되신 것이다. 만일 예수님이 다른 날 죽으셨다면 구약과 신약은 관계없는 책이라 볼 수도 있다. 구약에서 유월절은 '뛰어넘어 가다pass-over'라는 의미다. 이것은 아주 오래전 출애굽 당시 이집트의 왕 바로에게 하나님이 내린 열 가지 재앙 중 마지막 재앙인 '장자의 죽음'을 피해 가기 위한 방법에서 유래된 것이다.

당시 말을 안 듣던 애굽의 왕 바로에게 하나님이 마지막으로 제시한 벌이 바로 '장자의 죽음'이었다. 그 나라의 모든 동물과 사람의 첫 태생은 그날 밤 죽임을 당하는 재앙을 내리셨다. 그런데 이스라엘 백성에게만은 어린 양을 잡아 그 피를 대문에 바르면 죽음의 사자가 그 집을 뛰어넘는 특권을 주신 것이다.

그리고 그때 양을 잡아 그 피를 대문에 발라 살아남은 이스라엘 백성의 장자들과 가축들의 첫 태생을 생각하며 이스라엘 백성들은 감사한 마음으로 그날을 기념하기 위해 유월절을 지키게 되었다.

그런데 예수님이 십자가 처형을 당하신 날이 1년 중 하필 유월절이었다. 이게 우연일까.

이것은 하나님이 인간의 몸으로 오셔서 친히 유월절 어린 양이 되어 주심으로, 이제 그 인간의 몸으로 오신 하나님을 믿는 자에게는 죄의 심판이 pass-over, 면제된다는 의미다.

그런데 여기서 중요한 것은 누가 자신의 죽음을, 그것도 타살 일을 정확히 맞출 수 있겠는가 하는 점이다. 자살이라도 맞추기 힘든데 예수님은 자신이 타살될 그날을, 그 시간을 정확히 맞추셨다. 즉 주님이 그날에 죽으시도록 모든 이들의 마음을 움직이신 것이다. 그렇게 할 수 있는 것은 그분이 시간의 주인 되시는 하나님이셨기 때문이다.

성경을 처음 읽으면 하나도 이해되는 게 없는 것 같지만, 고집과 경험을 겸허히 접고 기도하는 마음으로 읽으면 하나도 이해 안 되는 것이 없다.

지금 깊은 어둠 가운데 있는 분이 계신가…….

오늘 주님이 말씀하신다. 주님이 찔렸을 때 우리의 허물이 덮어지기 시작했고, 그가 상했을 때 우리의 죄가 용서받았으며, 그가 징계를 받았을 때 그로 인해 우린 평화를 얻었으며, 마지막으로 그가 채찍에 수없이 맞음으로 우리는 거저 나음을 받았다.

이제 우리에게 또 아름다운 생명을 탄생시킬 새날이 밝았다. 더 이상 지난날의 누에고치만 바라보지 말자. 이미 나비가 되어 있는 우리, 그래서 날고 있는 우리를 보기로 하자.

주님은 여러분이 훨훨 날기를 원하신다.

3

날숨

*
*
*

아피에미

*

*

*

같은 시대에 같은 행성, 지구라는 곳에 살면서 어떤 사람은 하루가 너무 아름다워 감사의 눈물을 흘리는가 하면, 누구는 하루하루가 지옥 같아 죽고 싶은 심정으로 어쩔 수 없이 오늘을 산다. 후자의 경우가 생각보다 많은 것을 나이가 들수록 더 듣고 보게 된다.

같은 상황, 같은 고난 혹은 같은 부귀영화 속에서도 가치관에 따라 느끼는 것이 다르다. 어떤 이는 사랑하며 감사하고, 어떤 이는 불평하고 자신에 대한 처량함에 지쳐서 세상을 적대시하기도 한다. 이러한 태도는 아름다운 삶을 일구어 가거나 그 반대의 결과를 만들어 내는 것과 직결된다. 이유인즉슨, 아름다운 삶은 타인 혹은 상황과의 문제보다 자신과 자신의 문제와 더 관련되어 있기 때문이다.

내 마음에 불편을 일으키는 '용서'에 관한 이야기를 보더라도, "주여 형제가 **내게** 죄를 범하면 he sins against me 몇 번이나 용서하여 주리이까"(마태복음 18:21)라는 구절에서 보듯, 용서 역시 나의 내면의 문제라는 것에 더욱 주목하게 된다. 즉 일흔 번씩 일곱 번 용서해야 하는 그 죄가 형제가 타인에게 지은 죄가 아니라 형제가 **내게** 지은 죄라고 이야기한 성경 말씀을 대할 때, 우리 자신의 마음에 대해 생각해 보지 않을 수 없다.

성경에는 용서라는 단어가 자주 나온다. 복음서에서 악한 종에게 "내가 네 빚을 전부 탕감하여 주었거늘"(마태복음 18:32)이라고 하신 말씀에서도 원어 성경을 보면 '용서'라는 단어가 사용되었다. 마태복음 18장 23-35절에 나오는 '용서'라는 단어와 '빚을 탕감해 주다'라는 단어는 똑같이 '아피에미ἀφίημι'다. 종이 타인을 용서할 때도, 천체 만물의 주인이신 주님이 그 종의 빚을 탕감해 줄 때도 동일한 헬라어 아피에미가 쓰인 것이다. 이는 나중에 주님이 그 사람을 보고 천국에 합당한 자인지 아닌지 계산하실 때에, 반드시 이 아피에미가 얼마나 그 삶 속에서 이루어졌는지를 보신다는 뜻 아닐까.

왜냐하면 주님이 우리를 아피에미 해주셨기 때문이다. 주님이 우리에게 이렇게 하신 것은 "가서 너도 이와 같이 하라"(누가복음 10:37)고 하신 말씀대로 우리가 그렇게 아피에미 하길 원하시기 때문이다. 그럴 때 비로소, 천국에 합당한 자뿐만 아니라 이 세상을 아름답다고 고백할 수 있는 자가 되기 때문이다.

동사 아피에미는 아포(ἀπό, 어디에, 어디로)와 히에미(ἵημι, 보내다)에서 유래했으며, 어떤 사람에게서 법적으로나 실제적으로 통제를 당하는 물건이나 사람의 임의적인 석방을 의미한다. 아울러 '내보내다', '그대로 두다', '보내다', '풀어놓다' 혹은 '포기하다' 등을 뜻하여 그 의미가 깊고도 넓다.

따라서 용서라는 것은 단순한 사건이 아니라 우리 삶의 전반에서 일어나야 하는 것임을 깨닫게 된다. 한 사건에 대해서만 용서하는 것은 성경에서 이야기하는 참용서가 아니며, 그 사람의 삶 자체가 아피에미가 될 때 그는 진정한 용서의 사람이요, '아름다운 세상'의 사람인 것이다.

'떠나보냄'이라는 아피에미의 첫 번째 의미를 보더라도, 우리는 인생을 살면서 무엇을 떠나보내는 데 익숙지 않음을 알게 된다. 그것이 자녀가 되었든, 나의 사랑하는 옛 모습이든, 움켜쥐려고만 하지 떠나보내려 하지는 않는다. 그래서 사람이든 사랑하는 물건이든 우리는 '떠나보냄'을 매우 힘들어하고, 때론 떠나보내졌을 때 상실의 고통을 크게 느끼기도 한다.

그러나 성경에서는 떠나보내는 것을 자주 이야기한다. 아브라함도 고향을 떠났고, 모세도 왕궁을 떠나 광야에 머물렀으며, 결혼에 관해서도 "부모를 떠나서 아내에게 합하여 그 둘이 한 몸이 될지니라"(마태복음 19:5)고 하면서 '떠남'의 중요성과 '떠나보냄'의 아름다움을 강조하고 있다.

거듭 말하지만 새롭고 아름다운 세상을 위해서는 떠나보내야 한다. 아브라함이 갈대아 우르에서 계속 살다가 늙어 죽었으면 성경은 시작되지도 못했을 것이다. 또한 모세가 왕궁을 떠나지 않기로 고집했다면 출애굽의 역사는 없었을 것이고 이스라엘이라는 민족은 영원히 노예로 살든지, 아니면 오늘날 북아메리카에 있는 흑인들처럼 이집트에 섞여 사는 이스라엘이집트인Israeli Egyptian이 되었을 것이다.

이렇듯 떠난다는 것은 새로운 세계를 의미하며, 떠남이 없이는 늘 그렇고 그런 일이 반복될 뿐이다.

그런데 우리가 떠나고 싶어도 떠나지 못하는 것은 용기가 없기 때문이다. 주를 믿어도 아직 자기 자신을 더 믿기에 떠나지 못하는 것이요, 결국 새로운 역사는 일어나지 않는 것이다. 그래서 용서하는 데 용기가 필요하다. 나의 아집, 나의 경험, 나의 편리, 나의 안정으로부터 떠날 때에는 담대함이 있어야 가능하기에 용기가 부족한 사람은 언제나 현실에 안주하려 한다. 이런 이유로 자신의 감정에서 자유로울 수 없는 사람은 용서를 할 수 없고, 오히려 늘 감정에 정복당하는 하루를 살게 된다.

이때 성경에서는 우리에게 과감히 떠나라고 말씀하신다. 부모 곁을 떠날 때 비로소 새로운 가정이 생기듯, 나에게 주신 하나님의 비전을 이루려면 때가 되면 떠나야 한다는 것이다. 두려움, 걱정, 비난, 의심 등을 각오하고 떠나는 것이야말로 진정한 용서이자 새로운 미래로 가는 출발이다.

세상에서도 가정과 가문이 좋고 부유한 집에서 좀처럼 큰 인물이 나오지 않는 이유는, 그 배경이라는 달콤한 꿀단지를 떠나지 못하기 때문이다. 재벌 2세, 3세가 큰일을 이뤘다는 말을 나는 자주 들어 보지 못했다. 그들에게는 떠날 수 없는 이유가 너무 많기 때문이다. 그래서 걸출한 인물은 언제나 예상치 않았던 시골, 가난한 농부의 자식에게서 나온다는 말이 상식처럼 되어 버렸다. 잃을 게 많은 자는 모험을 못 한다. 그러나 맨주먹으로 시작한 자는 잃어 봐야 본전이기에 도전하고 성공을 따내기도 하는 것이다.

또한 아피에미에는 '포기하다'라는 뜻이 있다. 떠나보낼 수 없다면 포기라도 하라는 것이다. 무엇을? 사랑하는 것을, 꿀단지를……. 즉 새로운 세계로 가려면 포기해야 하는 것이 있다. 그런데 대부분의 사람들이 포기를 '실패'의 개념으로 생각한다. 그렇기 때문에 포기를 잘 못 한다. 그러나 여기서 말하는 포기는 '성경적인 포기'를 의미한다. 나의 편리, 나의 지식, 나의 상식, 나의 경험, 나의 판단, 무의식 중의 나의 욕심 등을 포기하는 것을 말한다.

사랑하는 자녀를 심하게 야단치지 않는 것도 포기가 가능한 사람만 할 수 있다. 자녀를 포기하는 것이 아니라 야단치고 싶은 나의 욕구를 포기하는 것이다. 나의 욕망을 포기 못 하는 자는 이전의 삶과 전혀 달라질 것이 없게 된다.

이 세상의 자연의 법칙도 마찬가지다. 한 알의 씨앗이 그 모습을 포기하고 땅속에서 으스러질 때 생명이 잉태되고, 누에고치의 애벌레가 그 모습을 포기할 때 그 안에서 새로운 모습의 생명체인 나비가 태어나 훨훨 날아다니게 되며, 자연산 철광석이 그 모양을 포기하고 용광로에 들어갈 때 비로소 우리가 쓸 수 있는 도구와 장식품이 되는 것이다.

아름다운 세상은 자신의 주관적인 생각을 포기하는 사람들에게 주어지는 선물이라고 할 수 있다. 그 결과로 이웃과 악수할 수 있고, 깊은 마음속으로부터 웃음을 표현할 수 있으며, 별들과 달들이 아름다워 보이기 시작한다. 이것이 바로 아피에미 하는 자들이 얻게 되는 열매다.

음란, 술, 담배, 대마초, 마약, 폭력, 독재, 고집, 두려움, 걱정, 우울, 외로움, 중상모략, 명예 중독 등 이 모든 것으로부터의 해방은 오직 경건한 포기로만 가능하다. 그리고 그 포기는 예수 그리스도의 손을 잡기로 작정할 때 가능해진다.

그러나 우리 중에 정말 예수 그리스도의 손을 잡기를 원하는 사람이 얼마나 될까. 사실은 예수의 손보다 더 잡고 싶은 것이 있지 않은가. 아피에미를 모르는 사람보다 알기를 원치 않는 사람이 더 많음을 우린 부인할 수 없다.

세상에 '말씀'과 경건 서적이 넘쳐흘러도 세상이 변하지 않는 것은, 변하기를 꺼리는 사람이 대부분이기 때문이다. 그 누가 좋고 편리한 것을 떠나보내고 포기하려고 하겠는가.

아피에미는 편안함에서 오는 자신의 만족보다 안주에서 오는 두려움이 더 클 때 하는 수 없이 변화의 길을 택하게 되면서 가능해진다.

나는 목회 현장에서 하루에도 수도 없이 매시간 선택을 하고 있다. 좁은 문으로 가야 하는지, 아니면 남들 다 가는 문으로 슬쩍 들어가도 되는지를. 하지만 늘 주님이 함께하신다면, 넓은 문으로 들어가는 (두려움에 싸인) 행복보다 좁은 문으로 가야 얻어지는 (고통이 함께하는) 기쁨이 더 크기에, 아니 그래야 마음이 편하기에 그렇게밖에 선택할 수 없게 된다. 그리고 앞으로도 그러할 것이다.

믿음은 말로 되는 것이 아니다. 믿음은 청산해야 할 나의 모습에서 떠나는 것이요, 그것이 안 되면 포기라도 하는 것이다. 그래서 믿음은 명사가 아니라 동사다.

아름다운 세상의 주인공이 되는 방법은 오늘도 새롭게 아피에미하는 사람들에게만 열려 있다. 그 선택은 철저히 본인이 한다.

Choice is yours!

이 아름다운 세상

*

*

*

　1901년 미국 뉴올리언스에서 태어나 1971년 작고한 루이 암스트롱이라는 음악인이 있다. 그는 말년에 〈What a wonderful world〉라는 노래를 남기고 세상을 떠났다. 이 노래는 그의 어떤 노래보다도 세상에 많이 알려진 노래가 되었다. 이유인즉슨 가사에서 보듯 이 노래가 의미하는 그런 세상을 인간이면 누구라도 살고 싶어 하기 때문이리라. 사람은 누구나 아름답게 살기 원하지, 괴롭게 살기를 원하지 않는다.

　전쟁도 싸움도 결국은 더 나은, 아름다운 미래를 만들기 위한 것이라는 사람들의 말을 들어 보면 인간은 모두 아름다운 삶에 굶주려 있는 존재가 아닌가 여겨진다. 그래서 너도나도 그 길을 찾으려고 오늘도 노력하는 것이라고 결론짓게 된다.

　그런데 루이 암스트롱의 삶은 정말 아름다웠을까. 그가 말년에 외친 그 아름다운 인생에 비추어 그는 어떤 삶을 살고 어떻게 생을 마감했을까.

넉넉지 않은 흑인 가정에서 태어난 암스트롱이 그리 좋은 대우를 받으며 살았다고 추측하기는 힘들다. 또 그가 한창 왕성하게 활동하던 1950년대는 미국에서 흑인들의 위상이 지금 우리가 상상하는 것보다 한참 낮았음을 감안할 때, 그가 무엇을 그토록 아름답다고 했는지 의문이 간다.

이곳 토론토에서와 같이 이민생활을 하며 살아가는 분들, 그리고 한국에 살고 있는 분들에게 나는 한 인간으로서 묻고 싶은 것이 있다. "정말 삶이 아름답다고 생각하십니까?" 나는 늘 이 질문을 간직하고 있다.

하지만 누구도 이 질문에 쉽사리 대답할 수 없을 것이다. 그것은 부와 명예로만은 되지 않는 길이며, 만일 그것이 부나 명예와 밀접한 관계가 있다면, 부유하거나 유명한 자들의 고통과 고난은 이해하기 힘든 것이며, 가난한 흑인 음악인 루이 암스트롱의 고백 또한 이해하기 힘든 것이기 때문이다.

많은 사람들이 한 세상 사는 것, 돈 많이 모아 부자로 살기 원하고 또 좋은 곳에 취직하고 승진하여 최고의 명예를 누리기를 한 번쯤은 꿈꾸며 살아간다. 그러나 그런 것을 경험한 사람들 입에서 "삶은 살아 볼 만한 것"이라는 말을 잘 들어 보지 못했다. 오히려 그 반대의 이야기를 듣곤 한다.

허무함이라고나 할까, 결국 올라가 보니 별거 없이 때가 되면 내려

온타리오 호수.
캐나다에서 목회를 하며 가끔 힘들고 지칠 때,
폴란드 출신의 친구가 나를 배에 태우고 호수를 달
렸다. 우리나라 남북한을 합친 것보다 더 큰 이 호
수와 아름다운 경치를 보며, 자주 조국이 생각나
마음이 부풀었다.

와야만 하는 그러한 인생 여정 말이다.

　인간이면 누구나 육신이 아닌 '마음'이라는 곳이 있다. '혼'이라고
도 하며 때론 '영'이라고도 하는, 육체가 아닌 마음이라는 곳이 분
명 우리 안에 있다. 그 마음이라는 '생각을 만들어 내는 공장'에 문
제의 열쇠가 있음을 우린 성경을 통해 알게 된다.

　삶이 아름답다고 느끼는 것은 마음이지 외적인 조건이 아니라는
것이다. 가장 행복지수가 높은 나라가 지구촌에서 가장 가난하다는
방글라데시 같은 나라이듯, 우리에게 존재하는 그 마음이라는 공장
을 우린 무시할 수 없다.

　성경에서는 용서에 대해 자주 말씀하신다. 왜 주님께서 형제를 일
흔 번씩 일곱 번이라도 용서하라고 하셨겠는가. 바로 용서는 내 마
음의 문제요, 그 용서에 가장 크게 영향을 받는 자는 바로 용서 때
문에 괴로워하고 있는 자이기 때문이다.

　용서받지 못한 타인은 아무런 느낌을 갖지 못하는 경우가 대부분
이지만, 용서가 안 되는 사람의 마음은 지옥같이 된다. 타인을 용서
못 할 경우 내가 죽기 시작하는 것이다. 내 마음속에 있는 분노와
미움은 상대를 죽이는 것이 아니라 나를 천천히 죽인다. 이것은 영
적·육신적인 경우 모두에 해당된다.

　상사병이라는 것이 있다. 실제로 그 병으로 생을 마감한 사람들도
꽤 있다고 한다. 그러나 상사병의 대상인 타인은 자신이 그 대상인

지도 모르는 경우가 태반이었다고 한다.

　즉 상사병으로 생을 마감한 사람은 자신의 마음이 자신을 죽음으로 몰고 간 경우라고나 할까. 용서도 마찬가지 개념이 된다. 용서하지 못하고 분을 가지고 있으면 화병火病이라는 것이 생기고, 화병으로 세상을 떠나는 경우도 종종 있다. 이 역시 그 대상은 전혀 모르는 경우가 제법 있었을 것이다.

　성경에서 일흔 번씩 일곱 번을 용서하라는 것은, 바로 주님이 우리를 사랑하시기 때문임을 성경을 거듭 대할수록 알게 된다. 우리 안에 용서하지 못한 찌끼가 남아 있으면 그것이 우리 마음을 창살로 가두게 된다. 우리는 그 속에서 원통해하며 울 뿐이다.

　어느 그리스도인은 자신이 주를 따르는 가장 큰 이유는 '자유함'에 있다고 했다. 예수 그리스도를 깊이 만나면 누구라도 자유, 풀림, 해방감 등을 접하게 된다는 것이다. 그것은 주 안에서 말씀에 순종함으로, 나에게 올무를 놓았던 마음이 변화되었음을 설명해 주는 것이다. 분노에서 놓임 받는 것, 미움에서 해방되는 것, 걱정에서 자유로워지는 것, 중독에서 풀림을 받는 것 등을 말한다.

　사람을 한번 미워해 본 사람은 그것이 얼마나 자신에게 고통스러운 일인지 알 것이다. 분노, 미움, 곧 '용서 못 함'이라는 말은 참으로 무서운 단어다. 어떤 형제는 그러한 미움 때문에 사람을 죽이고 평생 교도소에서 살다가 형장의 이슬로 사라진다.

　그가 원래부터 형장의 이슬로 사라지고 싶어 했을까. 아닐 것이다.

분노의 노예가 되면 어쩔 수 없이 그렇게까지도 되는 것이다.

그래서 주님이 우리에게 용서하라고 하시는 것이다. 잘 알다시피, 용서한다는 것은 악한 사람들과 다시 어울리라는 뜻이 아니다. 술주정뱅이들과 다시 만나고, 음란한 자들과 어울리며, 남에게 피해 주기를 즐겨 하는 무리와 다시 친해지라는 이야기가 아니라, 타인을 용서치 못하고 미워하는 우리의 마음에 관한 이야기다.

'마음으로 용서하는 것'과 '같이 어울리는 것'은 다른 차원의 이야기다. 여든 넘은 어머니를 용서 못 하는 60대의 딸을 상담한 적이 있다. 그분은 평소 신앙생활을 잘하다가도 마음의 분노가 건드려지면 그날은 큰일이 벌어지곤 했다. 그러나 그것이 어머니에 대한 미움과 관계있다고 생각지는 못했다. 그분은 평소에는 무척이나 은혜로운 분이었기 때문이다.

우리 안에 분노가 있으면 신앙이 제대로 자라지 못한다. 그것을 누가 건드리면 작은 일로도 쉽게 폭발한다. 누군가로 인해 남아 있는 분노의 불씨는 다른 것에도 쉽게 불을 지르기 때문이다. 만일 여러분이 어머니 때문에, 배우자 때문에 미움을 갖고 있다면 그 미움이라는 에너지는 그것으로 끝나지 않고 계속 마음속을 이리저리 다니다가 때로 엉뚱한 곳에 붙어서 화를 초래하는데, 이것이 문제인 것이다.

그래서 용서는 가장 먼저 나의 문제다. 어머니, 아버지와는 어쩌면 무관할 수도 있다. 몇 년 전 나는 돌아가신 지 20년이 넘은 아버지를 용서하지 못하고 있는 40대를 만나 본 적이 있다. 그는 아마 진실이 아닌 허상을 미워하고 있다고 봐야 옳을 것이다.

우리가 주를 만나면, 죽은 사람이라도 그와의 관계가 재정비될 수 있다는 것은 사람을 숨통 틔우게 하는 말씀이다. 그것은 상호 간의 문제가 아닌 나 홀로의 문제이기 때문에 가능한 것이다.

어떤 용서 못 할 경우라도 '그럴 수도 있지, 그 사람이 얼마나 힘들었으면 그랬을까' 하며 내가 이해하면 그것으로 문제가 끝나는 것이다. 왜냐하면 문제는 '내 마음이 문제'이기 때문이다. 예를 들어 여러분이 어렸을 적에 부모가 여러분에게 심하게 대했다고 할 때, 지금 그 부모는 안 계시는데 그 문제를 가지고 계속 부모를 미워하면 무엇하겠는가. 기도하면서 부모를 이해하려고 노력한다면 주님은 그때 그 시절로 여러분의 생각을 보내서서 그 상황을 이해하게 만드실 것이다. 즉 '그 상황과 그'를 이해하게 될 것이다.

나도 주를 만나기 전까지는 아버지에게 좋은 감정만 갖고 있는 사람은 아니었다. 그런데 점점 주님과의 관계가 깊어지자, 돌아가신 아버지의 30대, 40대, 50대를 생각하면서 기도 중에, '아버지는 정말 힘드셨겠구나'라고 깨달으며 오히려 내가 돌아가신 아버지께 용서를 구한 적이 있다. 이것이 바로 치유요, 회복이다.

마음이라는 공장에 이상이 있으면, 아무리 좋은 것을 먹고 마시고 즐기고 다녀도 "What a wonderful world"라는 말을 내 입에서 꺼낼 수 없다.

그러나 우리가 비천에 처하든 궁핍에 처하든 그리스도와 하나가 되어 간다면, 우리는 쉽게 세상은 아름답다고 말할 수 있게 된다. 그리고 눈앞에 있는 모든 조건과 상황을 감사하게 될 것이다.

세상을 아름답게 살려면 그리스도와 가까워져야 한다. 주 예수께서 내 마음이라는 공장에 주인이 되실 때 비로소 "What a wonderful world"라고 말할 수 있기 때문이다. 성경을 대하면 대할수록 삶의 기쁨은 오직 주님이라는 생수에 나의 뿌리를 내리고 있을 때 가능하다는 것을 자꾸 깨닫는다.

여러분은 인생이 아름답다고 말할 수 있는가?

적어도 나 조하문의 경우에는 그렇다고 말할 수 있다. 거반 죽은 나를 주님께서 살려 주셨는데 어찌 하늘과 산이 다시 보이지 않겠는가. 오늘도 외친다.

"What a wonderful world!"

오직 용서

*

*

*

인간의 모든 문제는 가정에 뿌리를 두고 있다고 해도 과언이 아니다. 실로 한 여성과 남성이 만나 사랑함을 통해 얻어지는 아이 그리고 가정, 이것이 사회 전반에 흐르는 모든 문제의 기본적인 테마라 할 것이다.

아이 없는 사람은 있어도 부모 없는 사람은 존재할 수 없기에, 모든 좋은 것과 나쁜 것의 첫 공급을 사람이라면 누구나 부모로부터 받게 된다. 그래서 어떤 이는 불행의 씨앗을 받고 어떤 이는 행복의 터널로 들어가게 되는 것은 본인의 의지와 관계없이 이 세상 어디에서나 일어나고 있는 일이다.

많은 사람이 자신의 문제를 대체로 주변에서 찾으려고 한다. 그러나 대부분의 경우 그 사람의 문제는 바로 그가 자라온 가정과 깊은 관계가 있음을 무시할 수 없다. 잔인한 독재자나 사상이 특별한 철학자, 혹은 보기 드문 성품을 가진 아티스트들 역시 가만히 그 안을 들여다보면 그들 가정에서 부모 혹은 형제들과의 관계가 조금은 남달랐음을 알게 된다.

우리 그리스도인들은 이 문제를 반드시 알고, 더 많은 시행착오가 생기기 전에 진실을 수긍하며, 지금이라도 그 관계성에서 오는 불편함을 해소하는 데 주력해야 할 것이다. 그래야 가정이 살고, 아이들이 살고, 내가 살기 때문이다.

그간 내 주변에서 일어났던 사례들을 통하여 좀더 이 문제에 가까이 다가가 보기로 한다.

얼마 전 우연한 기회에 한 중년 남성을 만난 적이 있다. 그는 어느 회사의 사장으로, 회사를 자녀에게 물려주기로 하고 그렇게 계획하며 살아오던 중 뜻하지 않은 상황을 맞게 되었다. 그의 장남이자 외아들이 아버지 뒤를 이어 그 일을 하지 않겠다고 선언한 것이다. 그러자 부모는 왜 하지 않으려 하는지 이해가 되지 않는다며 아들을 다그치게 되었고, 그 일로 부자지간이 소원해졌다.

그러나 알아본 결과, 아버지의 말과 아들의 이유는 많이 달랐다. 아들은 어려서부터 아버지 밑에서 엄하게 교육받으며 자랐고 심지어 매도 많이 맞으며 자랐다고 한다. 그래서 고등학교, 대학 시절 집에서는 온순한 양이지만 바깥에서는 주먹을 쓰는 아이로 성장해 갔다. 그러다가 아들은 미국으로 유학을 가고 세월이 흐르게 되었다.

어느덧 아들은 결혼하여 아이도 낳고 가정을 꾸리게 되었다. 그의 부모는 아들이 돌아와 자신의 회사를 맡아 줄 것을 고대하고 있었지만 아들은 아버지의 말을 끝내 들으려 하지 않았다. 그리고 아버지는 아들을 섭섭해한 나머지 다른 사람에게 회사를 주려고까지 생각하기에 이르렀다.

사실 문제는, 그 아들이 철모르고 지내다가 결혼하고 가정을 꾸리고 살다 보니 자신이 자랄 때 가정에서 느끼지 못한 가족애를 느끼게 되면서 나타났다. 성인이 되어 자신이 자라온 환경을 생각해 보니 아버지가 너무 미웠고, 자신을 사랑보다는 돈과 힘으로 제압하며 키운 아버지가 싫었다. 그래서 아버지가 있는 자리에 가서 회사를 경영하다 보면 돈과 명예가 보장되기는 했겠지만 아버지처럼 될까 봐 두려웠던 것이다.

그 아버지는 평생 주님을 모른 채 선친이 남겨 놓은 그 회사를 맡아 경영했기에 남이 겪는 고생이나 어려움을 모르고 지금껏 살아왔다. 남을 이해하기보다는 늘 자기중심적으로 살아온 터였다. 나는 문제가 아들이 아니라 그 아버지에게 있음을 알게 되었다.

목회를 하면서 자녀 상담을 하러 오신 분들을 만나곤 하는데, 문제는 자녀가 아니라 본인들(부모)에게 있음을 자주 느낀다. 하지만 그럴 때마다 말로 다 표현할 수 있는 것이 아니기 때문에 때론 마음만 같이 어려워지는 경우도 종종 있다. 위에서 말한 경우도 마찬가지라고 생각된다. 아버지는 왜 아들이 그런 선택을 했는지 모르지만, 아들에게는 충분한 이유가 있었다. 아버지처럼 살기가 싫었던 것이다. 경제적으로 좀 부족해도 지금 새로 시작된 가정에서 느끼는 가족애를 재물과 바꾸고 싶지 않았다. 또한 그는 결혼하면서 평생 모르던 예수 그리스도를 영접하면서 비로소 자신의 참모습을 어느 정도라도 보게 되었다.

돈과 명예가 보장된 직장이지만 자신을 학대하면서 스스로의 방식대로만 살아온 아버지의 그림자가 있는 곳이기에, 자신도 갓 태어난 아들에게 그런 아빠가 될까 두려웠다. 그리고 막 다니기 시작한 교회에서 '사랑'이라는 단어를 들을 때면 눈시울을 적신 그였기에 아버지의 회사는 자신이 더욱 가지 말아야 할 곳이라고 생각하게 되었다.

이런 경우는 비일비재하다. 문제의 근본적인 이유는 다른 데 있는데 표현은 다르게 나오는 경우, 그래서 서로 당황하는 경우 말이다.

이 이야기의 해결책은 그 아버지가 자신의 마음을 열고 그리스도 예수 안에서 자신을 볼 수 있어야 하는 것이다. 사실 그 아버지 역시 돌아가신 선친 아래서 비슷한 환경으로 자라 왔기에, 자신을 돌아보지 않는 한 아들을 결코 이해할 수 없다.

그 아버지는 회사의 창업주가 되시는 선친을 늘 존경할 만한 분이라며 일축했다. 사랑이 많으신 분이라든가, 그분과의 추억을 말하기 앞서 존경스럽고 훌륭하신 분이라며 사실을 덮어 버리곤 했다. 만일 그 베일을 벗겨 내면 두려움과 자신의 상처를 책임질 길이 없기에 늘 덮어 온 것이다.

그러나 이제 정말 아들과의 바른 관계를 형성하려면, 본인이 먼저 돌아가신 선친과의 관계를 아름답게 재정립해야 할 것이다. 두려워하지만 말고 주 안에서 베일을 벗기고 선친의 실수 혹은 잘못한 점들을 인정하며 용서해야 할 것이다. 실은 깊은 신앙을 갖다 보면 용서만이 최선의 길이라는 것을 알게 되기에……

용서 안에는 사랑이 있다. 용서를 하면 두려움이 떠나간다. 어찌 보면 선친도 상처가 많은 시절을 겪을 수밖에 없었다는 것을 깨닫게 될 것이다. 당시는 먹고사는 것도 힘들지 않았는가. 그런 와중에 맨주먹으로 회사를 일으키면서 어찌 사람으로부터 세월로부터 상처를 받지 않았겠는가. 바로 그 받은 것을 아들에게 물려주었고 그 아들 역시 또 물려주려고 한 것이다.

내가 아버지와의 관계가 바르게 되지 않는 한, 나와 아들과의 관계는 바르게 될 수 없다. 문제 해결의 핵심은 그 아버지가 자신을 돌아볼 수 있어야 한다는 것이다. 그래서 선친에게 받은 아픔을 용서하고 그 시대에는 다 그렇게 아이들을 키울 수밖에 없지 않았는가 하며 그 베일을 벗기는 작업을 해야 한다. 그러면서 존경해야 할 부분은 존경하고, 용서해야 할 부분은 용서할 때 비로소 자신의 아들을 바로 보게 될 것이다. 나와 아버지와의 관계가 곧 나와 아들과의 관계를 만든다. 인간은 배운 대로 하기 때문이다.

사람들은 두려움이나 수치심을 자꾸 덮으려고만 한다. 그러나 성경에서는 그렇게 말하지 않는다. 숨기면 자꾸 다른 곳에 이상이 생기게 된다. 내가 스스로 고백할 때 두려움은 떠난다. 부끄러운 부분도, 두려운 부분도. 그것을 수치스럽다고 생각하며 자꾸 덮으려고만 하면 나중에는 책임질 수 없을 만큼 그 수치심이 우리를 덮을 것이다. 그 극단적인 예가 자살이다.

그리스도 예수는 우리를 치유하시는 분이다. 나에게 문제가 있다면 그분 앞에 솔직히 고백하면서 치유를 바라는 기도를 드려야 할 것이다.

이 세상에 사람의 마음을 치유하시는 분은 주님 한 분뿐이다. 나자신도 많은 상처와 부친과의 아름답지 못한 관계로 힘들어했던 과거가 있다. 그러나 오래전 주님의 은혜로 온전한 사랑 가운데서 그분(아버지)을 용서하고 내 마음속에서 떠나보내 드렸다. 그러자 내게 참자유가 생기고 내 자녀들과의 관계가 달라지기 시작했다.

용서하지 못하는 게 있으면 그 대상을 늘 마음에 지니고 다니게된다. 그래서 참자유가 없다. 용서는 내가 사는 길이다.

자녀들과의 관계가 아름답기 위해서는 진실로 부모와의 관계를 회복해야 한다. 그분들이 살아 계시든, 돌아가셨든 큰 문제가 되지 않는다. 용서는 내 마음에서 하는 것이기 때문이다. 내가 예전 모습 그대로 살았더라면 지금 나의 가정은 이런 모습이 아닐 것이다. 우리는 반드시 부모를 용서해야 한다. 그래야 나와 내 자녀가 산다.

참자유를 갖든 일생을 분노 속에서 살든 그 결정은 우리가 한다. 주님은 주님 스스로 십자가에서 죽으심으로 우리에게 이미 자유를 주셨기 때문이다.

인간 사회의 대부분의 문제는 바로 '부모와 이루는 첫 공동체인 가정'에서 비롯된다는 것을 깊이 새겨 두어야 할 것이다.

이제 선택은 여러분이 한다. 자녀는 우리의 미래이고, 우리의 또 다른 모습이다. 엄밀히 말하면 자녀는 하나님께 속한 하나의 인격체이며 주님이 주신 선물 혹은 손님으로, 언젠가는 우리 곁을 떠나 사회로 나갈 것이다.

자녀의 모습 안에 내가 있다.

하나님을 만나고 나서 나는 과거에 내가 잘못했던 사람들을 찾아다니며 용서를 구했는데, 그때 가장 먼저 용서를 구한 사람이 아내와 두 아들이었다. 아이들이 정말 보고 싶어 하는 것은 사과나 가르침이 아니라 아빠의 새롭게 변화된 모습임을 또한 깨닫게 되었다.

4

들숨

* * *

그가 바로 나

*

인간이 태어나서 죽기까지 가장 오래 같이 사는 사람을 생각한다면 배우자(짝)라 할 수 있다. 특별한 경우는 예외겠지만 어머니나 아버지보다 배우자와 사는 기간이 더 긴 경우가 대부분이기 때문이다. 그렇기에 배우자와의 관계는 나의 성장과 발전 그리고 나의 어떤 변화를 만드는 데 깊고도 직접적인 영향을 준다. 어려서는 부모가 중요하지만 나이가 들수록 배우자의 영향이 클 수밖에 없음을 무시할 수 없다.

성경에도 배우자에 대한 이야기가 많이 나온다. 둘이 있을 때는 둘만의 문제인 것 같지만, 그 두 사람으로 인해 아이들이 생겨나고 그 아이들이 자라서 어른이 되어 또 다른 가정들을 이루며 더 나아가서는 그것이 씨족사회, 부족사회, 국가까지도 된 것을 볼 때, 인간 사회의 모든 문제의 근원은 가정에서부터 찾아볼 수 있다.

즉 아름다운 가정이 사회에 끼치는 영향과 그렇지 못한 가정이 사회에 끼치는 영향은 우리가 상상할 수 있는 것 이상이다.

사람은 보고 들은 것을 따라 한다. 언어학에서 이야기하는 바에 의하면, 아기가 말을 배울 때 엄마나 아빠로부터 들은 말을 흉내내는 것으로 시작한다고 한다. 사람의 본성은 어디선가 듣고 보고 배운 것을 표현하지, 스스로 독창적인 것을 하는 예는 매우 드물다는 것이다.

성경에서 부부에 대한 이야기(마태복음 19:1-9)가 바로 용서(마태복음 18:21-35)에 대한 이야기 다음에 나온다는 점에 우리는 주목해야 한다. 이것은 용서의 기반이 되어 있지 않은 부부는 모래 위에 지은 집임을 뜻한다. 주님은 부부라는 존재가 너무 귀하기에 그 귀한 것을 말씀하시면서, 부부는 용서라는 반석 위에 세워져야 함을 전제로 하시는 것이다.

여기서 말하는 용서는 과연 무엇을 의미하는가.

앞서 말했듯이, 먼저 우리는 부모를 용서해야 한다. 자신의 어머니와 아버지의 그릇된 모습들을 저마다 가지고 있다. 아버지와 어머니 없이 태어난 사람은 없기에, 사람이라면 누구나 두 사람으로부터 나온다. 그 부모가 지금 내 곁에 있을 수도 있고 없을 수도 있다. 그 아버지 혹은 어머니가 그리움과 효도의 대상일 수도 있고, 아니면 생각하기도 싫은 대상일 수도 있다.

그러나 그리스도 예수를 만난 그리스도인이라면 제일 먼저 회복할 것이 바로 자신을 낳아 준 부모와의 관계다. 부모와의 관계 회복은 그 사람의 신앙생활에 초석이 된다. 어떤 사람은 '나는 절대로 내 어머니같이 살지는 말아야지'라고 결심했는데 나이가 들어 가면서 자신도 모르게 어머니보다 더 어머니같이 살고 있는 자신을 발견할 때가 있다. 아버지를 극도로 미워하던 사람도 '절대 아버지같이 아이들을 대하지 말아야지' 혹은 '아버지가 어머니에게 했던 것같이 나는 아내에게 하지 말아야지'라고 다짐했지만 나이가 들수록 아버지보다 더 아버지같이 살고 있는 자신을 발견하고 그럴 때마다 괴리감에 시달리며 자신이 싫어지기도 한다.

이러한 증상은 그 보기도 싫은 부모를 멀리할수록 더 심하게 나타난다. 사람은 보았던 것, 그중에서도 자신의 뇌리에 깊게 박혀 있는 것을 따라 하기 마련이다. 그래서 분노와 지독하게 싫은 기억과 함께 자신의 뇌 속에 저장되어 있는 것을 지우지 않는 한, 우리는 계속해서 아버지보다 더 아버지다운, 어머니보다 더 어머니다운 사람이 될 수밖에 없는 것이다. 마음은 다르게 행동하려 하지만 이미 무의식으로 나의 뇌 속에 저장된 것을 따라 할 수밖에 없기 때문에, 그 따라 함을 그치려면 뇌 속에 자리 잡고 있는 부모의 부정적인 모습을 지워야만 한다.

그것은 부모를 멀리한다고 지워지는 것이 아니다. 그렇게 단순한 문제가 아닌 것이다. 실제로 싫어하는 에너지가 사랑하는 에너지만큼 혹은 그 이상으로 크다고 한다. 그래서 사랑의 대상보다 미움의 대상이 내 마음을 장악하면 더 이상 어쩔 수 없게 되는 것이다. 미움에 붙들려 살인 같은 끔직한 일을 저지르는 경우를 우리는 텔레비전이나 미디어를 통해 보고 있지 않은가.

이 지점에서 성경이 우리에게 강조하는 것이 바로 용서다. 그때 그렇게 행동했던 부모를 마음에 두고 깊게 기도해 보면, 주님께 용서할 수 있도록 간구하면, 그렇게 세월을 두고 기도하면서 어느 정도 기도가 쌓이면, 머지않은 미래에 그 악한 기억은 설 자리를 잃고 슬슬 뇌리에서 떠나가게 된다.

그리고 어느새 나의 말투와 행동이 아버지로부터 어머니로부터 빠져나와 자신도 모르는 사이에 아름다운 말과 행동을 하게 된다. 이번에는 용서를 통한 치유였기에, 이미 어두운 기억이 뇌리에서 드디어 떠나가고 용서의 주인이신 예수 그리스도가 나의 뇌 속에 새롭게 저장되었기 때문이다. 이제는 예수님을 따라 하게 되는 것이다.

무엇이 자신의 뇌 속에 저장됐는가는 매우 중요하다. 무의식에라도 미움이 저장된 채 교회를 다니면 10년, 20년이 지나도 삶에 아무런 변화가 없다.

또한 성경은 "둘이 한 몸이 될지니라"(마태복음 19:5)고 말한다. 결혼해서 두 사람이 사는 것이 아니고, 한 몸이 되는 것이 결혼이라는 것이다. 다시 말하면 상대방이 배우자가 아니라 나의 몸이라는 것이다.

이것을 이해 못 하면 결혼을 둘이 같이 사는 것만으로 생각한다.

그러나 결혼은 주님 뜻에 순종하여 하나가 되기로 작정한 사람들이 하는 것이라고 성경은 말한다.

다리가 좀 이상하면 떼어 버리고 바로 의족을 끼우겠는가. 팔이 좀 시큰시큰하다고 떼어 버리겠는가. 내 몸이라고 생각할 때 우린 아픈 팔이 정상이 되도록 약도 먹고 병원에 가서 치료도 받고 기도도 한다. 즉 배우자의 슬픔이 바로 나의 슬픔이요, 배우자의 모자람이 바로 나의 모자람이요, 배우자의 그릇된 성격이 바로 나의 성격임을 인정하고 실천하는 것이 결혼인 것이다.

내가 배우자의 그릇된 성품을 끌어안고 기도하며 살아야 그 사람이 치유된다. 가장 가까이서 그 사람에게 영향을 줄 수 있는 사람이 바로 나이기 때문이다. 그래서 하나님이 나를 그 자리에 세우신 것이다. 배우자의 모자란 점을 비웃고 부부싸움하라고 세우신 것이 아니라, 그것을 내 것으로 알고 그를 용서하고 받아들이고 서로 고치기 위해 남몰래 기도하며 노력하라는 것이다.

일반적으로 배우자끼리는 서로의 말을 가장 안 듣는 것 같아도, 결과적으론 배우자가 어떤 사람이냐가 서로에게 커다란 영향을 끼친다. 그래서 한 가정에 들어오는 사위나 며느리에 따라 그 가정이 더 번성하고 아름다워지는가 하면 그 반대의 가정도 있는 것이다.

문제는 나와 배우자를 한 몸으로 생각하는가, 아니면 다른 두 사람으로 생각하는가에 달렸다. 한 몸이 되려면 더 튀어나온 부분들은 다듬어 가야 할 것이고 모자라는 부분들은 키워 나가야 할 것이다. 한쪽이, 어느 부분이 유난히 크다면 그것은 하나가 아니라 두 개가 억지로 붙어 있는 모양이 되기 때문이다. 하나가 된다는 것은 나의 모양을 포기하는 것을 말한다.

그리고 예수님께서는 "음행한 이유 외에 아내를 버리지 말라"(마태복음 19:9)고 하셨다. 이런 말씀으로 보면 얼마 전 할리우드 스타 산드라 블록이 남편의 외도에 이혼으로 응징한 것이 성경적 처신이라 생각될지 모른다. 그러나 그동안 그녀는 주님 앞에서 완벽했을까. 주님은 "마음에 음욕을 품는 자마다 이미 간음하였다"고 하신다. 우리가 완벽하다면 배우자를 버려도 된다. 그러나 주 앞에서 내가 정말 완벽한지 돌아보아야 할 것이며 그 결과는 매우 두려운 일 중에 하나가 될 것이다.

요한복음 8장 7절에 주님은 간음하다 잡혀 온 여인을 "죄 없는 자가 먼저 돌로 치라"고 하셨다. 바로 이러한 주님의 마음을 품어야 하지 않을까.

가정은 귀중한 공동체 중에서도 으뜸이 되는 곳이다. 가정으로부터 학대받은 사람, 버림받은 사람이 온전히 주를 만나 그때 그 상황을 온전히 용서치 못한다면, 그 순간 사회에 악인이 하나 더 탄생하게 되는 것이다. 그 사람이 미래의 범죄자, 새로운 히틀러, 아니 그보다 더 악한 사람이 될지 지금은 아무도 모른다.

주님은 우리에게 물으신다. 배우자를 정죄하여 처단할 것인지, 아니면 끌어안고 나에게 맡기신 십자가로 알고 살 것인지를…….

우리가 한 사람을 끌어안을 때, 그것은 아직 존재하지 않는 이 세상의 수많은 죄가 시작되지 못하도록 끌어안는 것이다.

괴로울수록 더 세게 끌어안자. 그리고 주님의 사랑과 평화를 기다리자. 그리하면 주님은 반드시 끌어안은 사람에게 임하며 세상은 지금보다 더 아름다워질 것이다.

내가 진실로 진실로 너희에게 이르노니

한 알의 밀이 땅에 떨어져 죽지 아니하면 한 알 그대로 있고

죽으면 많은 열매를 맺느니라 (요한복음 12:24)

다르기 때문에 가치 있는 것

*

*

*

가정에 관해 거듭 이야기하는 것은, 성경에서 이야기하는 가정과 부부가 조금 중요한 것이 아니라 굉장히 중요한 것이기 때문이다. 하나님께서 아담을 만드시고 이어서 바로 하와를 만들어 주어 한 가정을 이루게 할 만큼 가정은 소중한 것이기에, 우린 가정에 대해, 그리고 가정의 중추 역할을 하는 부부의 개념에 대해 바른 지식을 가질 필요가 있다.

창세기 2장 24절에는 "이러므로 남자가 부모를 떠나 그의 아내와 합하여 둘이 한 몸을 이룰지로다"라고 말씀하신다. 이 말씀은 주님께서 아담에게 하와를 만들어 주시고 나서 하신 말씀이다. 즉 하와와 아담은 결코 둘이 될 수 없다는 것이다. 사실 하나님은 하와를 아담의 갈비뼈를 취하여 만드셨기에, 이미 하와와 아담은 따로 만들어지기 이전에도 하나였다는 점을 주목할 필요가 있다. 다시 말해서, 부부는 원래 하나였고 둘이 되어서도 하나라는 의미를 되새겨 보아야 한다.

그런데 우린 살면서 부부간에 서로 다른 성향에 크게 실망하고 그 다른 성향을 서로 따지고 조정하느라 시간을 허비하기도 하며 긴 싸움을 하기도 한다. 그러다가 결국 성격이 다름으로 인해 갈라서기도 하고, 결혼 상태이지만 이혼한 것이나 다름없는 심정으로 살기도 한다. 그러나 한번 생각해 보자.

둘이 하나가 된다는 것은, 서로 다른 것이 하나가 될 때 그것을 하나가 된다고 하지, 같은 것이 합쳐져 하나가 될 때는 하나가 된다고 하지 않는다. 정말 하나가 된다는 말의 참된 의미는 "서로 다르기 때문에 그 하나 됨이 가치가 있다"는 것이다.

하나님은 우리 모두를 주님 보시기에 좋으신 대로 만드셨다. 그래서 우리는 모두 각각 다르다. 쌍둥이라 할지라도 그 성품과 좋아하는 것이 다르다. 즉 우리가 각기 다른 것은 하나님의 고귀한 뜻이며, 그래서 사람이 모인 공동체가 아름다운 것이다. 우리가 늘 같은 생각을 하고 같은 것을 좋아하고 얼굴까지 같은 모습을 하고 있다면 그 무엇이 아름답겠는가.

마찬가지로 부부가 아름다운 것은 서로 다르기 때문 아닌가. 그런데 우리는 다른 것을, 곧 자신의 생각과 다른 생각을 하는 배우자나 이웃을 때로 틀렸다고 생각한다. 바로 여기서 문제가 발생하는 것이다. 다른 것과 틀린 것은 완전히 다른 차원의 이야기다. 자연이 아름다운 것은 서로 다른 것들이 조화를 이루고 있기 때문인 것처럼, 우리의 아름다움도 서로 다른 것을 인정하고 그것을 수용할 때 비로소 가능한 것이다.

많은 사람들이 이곳 캐나다의 가을이 아름답다고들 한다. 그런데 만일 이 아름다운 자연이 같은 색깔, 같은 나무, 똑같은 산과 호수로만 되어 있다면 어찌 아름답다고 할 수 있겠는가. 가을에 단풍도 빨간색 하나로 다 물든다면 우린 금방 지겨워할 것이다. 단풍이 아름다운 것은 녹색, 노랑, 빨강, 연두, 주황, 짙은 노랑, 옅은 노랑 등 각기 다른 것이 서로서로 조화를 이루기 때문에 우리에게 아름다워 보이는 것 아닌가.

이처럼 하나님은 인간도 다 다르게 창조하셨다. 그것은 틀린 게 아니라 다른 것뿐이다. 그런데 많은 부부가 가정에서 서로의 성격 차이를 고민한다. 정말 고민해야 할 것은 성격이 같아져야 한다고 주장하는 것인데 말이다. 많은 경우 부부 중 한 사람은 삶에 있어서 브레이크 역할을, 또 한 사람은 액셀레이터 역할을 하곤 한다. 그러나 그것을 감사하는 사람은 드물다. 늘 그럴 때마다 서로 다름을 이해 못 하고 감사 못 하고 그것으로 다투려 한다. 그러나 브레이크 없는 자동차는 결국 사고가 난다는 것, 누구나 아는 상식 아닌가.

배우자의 반대 때문에 오히려 가정이 살아난 예가 있지 않았는가. 서로 다른 것은 축복이다. 그것을 이해하고 좋은 면으로 받아들일 때 그 가정이 달릴 때 '달리고 서야 할 때 설 줄 아는' 가정이 되는

사색을 하는 한편, 나무를 심고 잔디도 손질했던 뒷마당.
조용한 이곳을 나는 무척 사랑했다.

것이다. 이 얼마나 이상적인가. 서로 다름을 받아들이지 못하는 자는 아직 생각이 미숙함을 드러내는 것뿐이다.

서로 다르다는 것은 자라 온 환경이 다르다는 것을 말한다. 자신의 삶의 역사와 배우자의 삶의 역사는 다를 수밖에 없는데, 상대가 살아온, 즉 성격 형성 과정에서 있어 온 그 사람만의 독특한 퍼스널 히스토리를 인정하고 잘 이해해야 하는 것이다.

하나님은 사람마다 다른 성품을 주셨기 때문에 각각의 상황에 대처하는 방법도 다 다르다. 그러므로 모두가 서로 다른 경험을 했을 것이라는 사실을 인정해야 한다. 즉 그 사람만의 고유한 히스토리가 있음을 알아야 한다.

따라서 나에게는 너무 좋은 것이 그 사람에게는 보기도 싫은 것일 수 있다. 어려서부터 아버지에게 사랑을 많이 받고 자란 사람과 그렇지 못한 사람의 경우, 그들이 자녀에게 대하는 것이 서로 다를 수밖에 없다. 물론 이런 경우 주 안에서 고침을 받으면 많이 나아지기는 하지만, 자신이 살아온 역사에 배우자를 맞추려 하는 것이 바로 문제의 시작이요, 그것을 다른 말로 표현하면 이기적인 일인 것이다.

바다를 좋아하는 사람이 있는가 하면 산을 좋아하는 사람이 있다. 음악을 좋아하는 사람이 있는가 하면 책을 좋아하는 사람이 있다. 키가 큰 사람을 좋아하는 사람이 있는가 하면 약간 아담한 체구를 좋아하는 사람이 있다. 사람을 좋아해서 늘 만나서 이야기하는 것을 즐기는 사람이 있는가 하면 홀로 조용히 있는 것을 좋아하는 사람이 있다. 이 외에도 그 예는 끝이 없을 정도로 다양할 것이다. 그럼에도 자신이 좋아하는 것을 배우자가 좋아하지 않는다고 불평한다면 과연 누가 옳은 것인가.

타인의 히스토리를 인정할 때 비로소 그 사람과 하나가 될 수 있다. 그리고 함께 웃을 수 있다. 영화감독 스티븐 스필버그는 남자와 일하는 것을 좋아하지 않아 그가 작업할 때는 주변의 스태프가 거의 여자라고 한다. 그리고 그가 가장 싫어하는 것이 운동이라고 한다. 그래도 그는 특별한 스캔들 없이 자신의 일을 잘하고 있으며, 운동 부족으로 어디가 잘못되었다는 소식을 나는 아직 들어 보지 못했다.

우리는 타인과 비교당하면 몹시 분노하면서도, 자신과 생각이 다른 사람을 이해하지 못하는 우매한 자신에 대해서는 분노하지 않는다.

가정에 평화가 유지되려면 먼저 배우자가 살아온 히스토리를 이해하고 받아들여야 할 것이다. 말하는 것은 쉽지만 조용히 상대를 위해 기도하는 것은 참으로 어려운 일이다. 정말 사랑한다면 그를 위해 기도해야 한다.

하나님께서 하와를 만드신 것은 "돕는 배필"로 만드신 것이다. 즉 아내의 할 일은 남편을 돕는 일이지, 남편이 되는 일이 아닌 것이다. 돕는다는 것은 나 자신을 포기할 때 가능해진다. 하와가 늘 자신의 뜻을 이루려고만 한다면 결코 아담을 도울 수 없을 것이다. 그리고 자신도 모르게 아담에 대해 불평하게 될 것이다.

다시 말하면 자신을 내려놓고 남편을 돕는 이가 아내요, 그렇게 할 때 하나님의 뜻에 합당한 아내가 된다. 그럴 때 그녀는 남편의 갈비뼈가 되는 것이다. 즉 남편에게 꼭 있어야 할 존재, 남편의 몸과 하나였던 그 하와 자리에 자신이 서게 되는데, 바로 여기에 아내의 위대함이 있다. 남자가 홀로 완전한 자라면 하나님이 돕는 배필을 붙여 주시지 않았을 것이다. 그러나 주님 보시기에 홀로는 도저히 안되는 아담이었기에 꼭 돕는 자가 필요했다.

아내가 정말 하나님이 붙여 주신 하와 같은 아내라면 남편을 도울 것이요, 남편은 그 하와 같은 아내를 자신의 갈비뼈처럼 소중히 여기며 사랑하게 될 것이다.

배우자를 남 앞에서 깎아내리거나 자신의 소유물처럼 험한 말로 다스리려는 예를 이따금 본다. 그것은 잘못되어도 크게 잘못된 것이다. 분명 아내의 사명은 '남편 돕는 일'이지만, 그 아내는 남편에게 속하기 이전에 하나님이 보내신 하나님의 여종임을 잊지 말아야 할 것이다.

또한 아내는 그의 아버지의 귀한 딸이었음을, 남편은 그의 어머니의 사랑받는 아들이었음을 잊지 않는다면 누구라도 태도가 바뀔 것이다. 우리에게도 아들과 딸이 있지 않은가. 만일 사위가 내 딸을 막 대한다면, 혹은 며느리가 내 아들에게 늘 피곤하게 대한다면 우리의 심정이 어떻겠는가. 만일 내가 아내에게 한 대로 딸이 이다음에 사위에게 고스란히 받는다면, 그리고 내가 남편에게 한 대로 이 다음에 우리 아들이 며느리에게 그대로 받게끔 된다면, 지금 즉시 행동이 달라지지 않겠는가. 장인어른의 눈으로 아내를 보고 시어머니의 눈으로 남편을 본다면 상황이 훨씬 아름다워지리라 생각한다.

평생의 삶에서 신앙생활 다음으로 귀중한 것을 꼽는다면 그것은 바로 가정이다. 가정이 복잡하면 바깥일이 잘될 수 없다. 삶에서 승리하길 원한다면 먼저 가정을 아름답고도 회복된 가정으로 만드는 데 충성을 다해야 할 것이다.

가정은 나의 삶에, 나의 인생에 힘을 주는 원천이기 때문이다. 주를 알면 알수록 가정이 귀함을 깨닫게 된다.

> 여호와께서 집을 세우지 아니하시면 세우는 자의 수고가 헛되며 여호와께서 성을 지키지 아니하시면 파수꾼의 깨어 있음이 헛되도다
>
> (시편 127:1)

결혼식 때.

평생 혼자 살려고 했지만
(음악과 결혼했으니까), 아
내는 그런 나의 마음을 변
화시킨 사람이다. 그야말
로 주님이 주신 돕는 배
필이자 사랑스러운 친구
이자 애인. 종종 나의 반
대편에 서서 나를 바로잡
아 준다.

천국의 모형

*

*

*

　지상의 삶 중에서 가장 천국의 모형을 닮은 것을 뽑으라면 그것은 가정일 것이다. 바른 가정 안에는 사랑이 있으며 기쁨이 있고, 부부 중 한 사람이 이곳을 떠나 하늘나라 갈 때까지 계속되는, 그러면서 자신이 가장 오랫동안 속해 있는 공동체이기 때문이다.

　가정이란 순간에 이루어지지만 그 순간이 자손들과 함께 어마어마한 미래를 만들어 간다는 것을 볼 때, 그 가정의 연속성과 영원성 앞에 우린 신중해질 수밖에 없다.

　그럼에도 살다 보면 명예와 부, 인기와 쾌락를 좇기 위해 가정을 헌신짝처럼 버린 예도 얼마든지 있고, 지금도 그렇다. 그 버림에 대한 결과는 당시에는 잘 나타나지 않는다. 하지만 남자든 여자든 '오십'이라는 나이를 넘어서면서부터 무엇이 정말 중요하고 무엇이 순간적인 일이었는지를 깨닫고서 많은 후회를 하며 가정에 대한 생각을 다시 해보게 되는 모습을 주변에서 쉽게 보게 된다. 곧 남녀 둘이 만나 이루어지는 가정이라는 것은 주님이 이 지상에서 주신 최고의 선물이었다는 사실을 일반적으로 인생의 끝이 가까이 올수록 느끼게 된다.

그런데 세상적으로 성공하거나 큰 업적을 이룬 많은 사람들이 범하기 쉬운 실수가 바로 이 가정에 대한 귀중함을 낮게 보는 것이다. 바쁘고 성취해야 할 큰일들 앞에서, 또 큰 유명세와 재물 앞에서 가정보다 눈앞에 보이는 황금 같은 인기나 명예를 택하려는 마음이 더 크기 때문이다.

얼마 전에 나는 나와 비슷한 시기에 한국에서 화려하게 지내던 소위 '세상적 스타'들에 대해 우연히 생각해 볼 기회가 있었다. 당시 음악계나 영화계, 체육계(프로야구 선수)나 정치계(국회의원, 전직 대통령 친지 등)에 있었던 그들 모두가 한때 야심 많은 30대였다. 그들 중 많은 이들이 자신의 성취를 위해 가정을 쉽게 생각한 경우가 꽤 있었다.

당시에는 배우자와 헤어진다는 일이 별로 대수롭지 않아 보였고 오히려 명예와 출세를 얻고 그것을 비슷한 부류들과 즐기는 일이 더 커보였음을 누구나 인정했을 것이다. 그래서 주변에 하나둘씩 배우자와 헤어지는 사람들을 보았다. 세상적인 눈으로 보면, 그들 또한 한때는 자신이 맡은 분야에서 나라를 흔들 정도로 멋지게 사는 사람들로 보였음을 부인할 수 없었다.

그런데 시간이 화살같이 빠르게 지나 지금 5,60대가 되어 버린 그들 대부분이 그 자리에서 이미 내려와 먹고살기에 바쁜 처지들이 되었음을 여기저기서 듣게 되었고, '현실'은 그들에게 냉정했음을 깨닫게 된다.

당시에는 자신을 영원히 지켜 줄 것 같았던 명예와 재물은 그들을 결코 지켜 주지 못했다. 이제 거의 노년으로 가는 그들에게 남은 것은 깨어진 가정, 빈집, 떠나 버린 자식, 자신을 알아보지도 못하는 새로운 세대 등뿐이다.

물론 사람이 자기 분야에서 충성하는 것은 매우 중요하다. 그러나 무엇이 우선이고 무엇이 차선인지는 반드시 구별해야 한다. 나도 한때 음악이 나를 평생 지켜 줄 것 같았고 그렇게 음악을 사랑했다. 그런데 시간이 20년쯤 흐르자 나로서는 이해 못 하는 음악들이 사랑받는 음악들로 변해 가고, 나와 비슷한 사람들은 어느새 역사 속으로 사라지는 존재가 되었다.

더구나 안타까운 것은 음악을 위해 가정을 버리고 목숨까지 버린 사람들, 어떤 의미에선 그 대단한 사람들을 지금의 세대들이 기억조차 못 한다는 것이다. 그들은 죽을 줄 알면서도 오로지 자신이 사랑하는 것을 지키기 위해 결핵 말기에도 계속 담배를 피우며 작곡하다 죽어 갔다. 지금 20대는 그들의 이름도 모른다. 이것이 현실이다.

그들의 묘는 사람이 오지 않아 비석도 잘 보이지 않는 버려진 묘가 되어 가고 있으며 누구 하나 그것에 신경 쓰는 사람이 없다. 그들이 하나님을 조금이라도 알았더라면 배우자와 가정을 지키는 동시에 자신이 사랑하는 일을 할 수 있었을 것이다. 그러나 그들에게 하나님은 '예술'이었기에, '정치'였기에, '운동'이었기에 배우자의 귀함을 알 수 없었다.

그리고 그들은 결코 5, 60대를 상상해 본 적도, 상상해 보려고도 하지 않았다. 과연 무엇이 영원한 것인가, 무엇이 우리의 인생 끝자락에 남는가.

얼마 전 미국이 낳은 전설의 록 가수 로니 제임스 디오가 67세의 나이로 세상을 떠났다. 그는 16세 무렵부터 곳곳을 전전하며 50여 년간 북아메리카를 위해, 자신을 위해, 팬들을 위해 음악을 자신의 몸보다, 그 어느 것보다 귀하게 여기며 살았다. 하지만 그가 죽자 불과 이틀 남짓 캐나다 정규 뉴스에서 보도된 뒤로는 그에 관한 이야기 자체가 사라져 버렸다.

이것이 그가 받아야 할 대가일 줄 자신인들 알았겠는가. 그는 자신의 음악에 좀더 예술성을 갖추기 위해 예수 그리스도를 적대시하는 사탄의 음악을 더하게 되었고, 그것으로 돈을 벌자 자신이 마치 하나님과 싸우기 위해 이 땅에 태어난 사람처럼 살다가 죽었다. 그 뒤 그는 사탄 음악의 대부가 되었다. 그런 그에게 영원한 것이 무엇이겠는가.

그도 어려서는 교회를 열심히 다니던 소년이었다는 사실이 우리를 더욱 가슴 아프게 한다.

지금까지 내가 한 말은 "세상적 성공은 모두 가치 없다"는 것이 아니라, 무엇이 먼저고 무엇이 나중인지를 알자는 것이다. 많은 사람들이 하는 일이 잘되고 몸에 힘이 있을 때 그것이 자신을 지켜 주리라고 착각한다. 그러나 그것은 단지 한때, 잠깐이다. 명예를 좇아도 가정의 소중함을 아는 사람, 세상적 성공을 좇아도 신앙의 귀함을 아는 사람은 그 끝이 다르다.

누구나 '아기'로 태어나서 '젊은 시절'을 거치다가 40대 장년이 되고 70대 노년을 지나 언젠가는 죽는다. 그럼에도 한때 최고의 예술인, 최고의 운동선수, 시대를 풍미하던 정치가들 중 이제 장년에서 노년으로 가는 때인 오늘날, 빈 가정에 몸을 두고 있는 사람들이 꽤 많다는 사실은 우리에게 과연 무엇을 말해 주는가.

약 20년 전 내 눈에 좀 어리석어 보이던 어떤 형제는 당시 가장 낡은 자동차를 타고 다니면서 모 대학 조교로 있었고 나는 여러 면에서 최정상에 있었다. 그런데 20년이 흐르고 나니 나는 그동안 참 파란만장한 인생을 살다 여기까지 왔고, 그는 계속 거북이걸음처럼 공부하여 지금 미국 유명 대학의 정교수로 일하며 단란한 가정을 꾸리고 살고 있다. 이런 결과를 뭐라고 표현해야 할까. 그는 어려서부터 늘 신앙을 지켜 왔고 나는 신앙이 뭔지 알고 싶어 하지도 않았다는 것 외에는 큰 차이가 없었을 것이다. 그도 노력했고 나도 나름대로 노력했기 때문이다. 그러나 그에게는 절대자라는 분이 있어서 늘 그의 지침이 되었고 나에게는 그런 가르침이나 교훈 따위는 존재하지 않았던 차이가 결과를 다르게 만든 것이다.

여기서 하고 싶은 이야기가 바로 신앙이다. 신앙 위에는 어떤 집을 지어도 무너지지 않는다. 그것이 음악이든, 정치든, 운동이든……. 그러나 반석 없이 집만 화려하고 크게 지을 때는, 그 순간엔 좋아 보이지만 언젠가는 비참하게 무너져 내린다.

주님은 우리로 하여금 일도 열심히 하게 하시지만 꼭 필요한 것들을 잃어버리지 않게 하신다. 가족의 중요함, 넘어서는 안 될 선, 절제해야 할 때 등 필요한 시점에 필요한 일들을 일깨워 주시면서 한편으론 우리가 늘 삶의 바른길로 가도록 가르쳐 주신다.

주님은 아담을 만드시고 바로 하와를 만드셔서 가정을 이루게 하셨다. 주님은 우리의 연약함을 아시기 때문에 가정을 주신 것이다. 그리고 우리가 가정을 통해 삶을 배우고 사랑을 배우며 사는 것의 재미를 배우도록 하셨다. 달리 말하면, 가정에서부터 사랑받지 못하고 힘을 얻지 못하는 사람은 매우 힘든 인생을 살게 되는 것이다. 모든 이에게 가정은 휴식처요 용서받는 곳이요 사랑을 나누는, 지상에서의 천국 같은 장소가 되어야 한다.

이 짧은 인생에서 모든 것이 흐르는 물 같지만 가정이라는 공동체는 그 물이 잘 흐르도록 지켜 주는 물 홈통 같은 역할을 하는 곳이다. 그래서 가정 안에서는 서로에게, 특별히 배우자에게, 부모에게, 자식들에게 마치 자신에게 대하듯 잘하는 사람이 지혜로운 사람이다. 내가 지기로 마음먹을 때, 내 욕심을 내려놓을 때 그 가정이 산다. 그리고 내가 산다. 내가 너무 똑똑하면 다른 가족 구성원이 아프다. 가족끼리 이야기도 들어 주고 가끔 서로 손해도 볼 때 그 가정이 살아난다.

가족 구성원마다 하나님이 만드신 목적이 있음을 우린 잊지 말아야 한다. 그 목적을 생각할 때, 나의 필요를 자식이나 배우자를 통해 채우려는 실수를 하지 않게 된다. 자식은 부모의 연장선이 아니라 새로운 피조물이다.

하나님은 복제를 좋아하지 않으신다. 하나님은 창조를 가르치셨다. 우리 모두가 가정에서부터 상대의 태어난 목적을, 그리고 자라 온 배경을 이해하려고 노력할 때 그 가정에는 웃음이 끊일 날이 없을 것이다.

그리스도 안에서 잘못 휘두를 수 있는 흉기는, 자신이 옳다고 생각하는 것을 타인에게 주입시키려는 태도다. 가정에서 필요한 것은 종교인이 아니라 어머니, 아버지 그리고 자녀다.

가정은 한 인간에게 가장 필요한, 하나님이 주신 장소다.

▲ 10여 년 만에 찍은 가족 사진. 가족의 도움 없이는 주님의 일을 하기가 매우 힘들다는 것을
뼈저리게 느끼며, 늘 가족에게 고마울 따름이다.

▼ 최수종·하희라 씨 부부가 토론토 집회에 참석한 뒤 나이아가라에서 함께(2009년 1월).
당시 토론토 한인 사회 역사상 처음으로 1,000명가량 모였다. 최수종 씨는 손아래 처남이지만
배울 점이 참 많다. 이들 부부는 우리 사역의 기도 후원자이기도 하다.

영원한 생명과 부모 공경

*

*

*

구약의 율법을 세어 보면 모두 613개가 된다. 이중 365개는 "하지 말라"는 계명이고 나머지 248개는 "하라"는 계명이다. 즉 구약의 시대에는 하는 것보다 하지 않는 것에 더 치중하였음을 알게 된다. 요사이 기독교 안에서도 '율법적인 사람'이라고 하면, 무엇을 안 하는 것에 초점이 맞추어진, 그래서 이것도 안 하고 저것도 안 하는 사람을 말하기도 한다.

그런데 예수님이 오셔서 주신 말씀들의 대부분은 '……하라'는 것이다. 즉 용서하라, 사랑하라, 구제하라, 불쌍히 여기라 등 예수님은 구약의 율법을 폐하신 것이 아니라 새로운 계명을 주시면서 '하지 않는 거룩'에서 '하는 거룩'으로 바꾸셨다.

악한 일을 안 하는 것도 중요하지만, 주의 말씀대로 하는 것이 더 중요함을 가르쳐 주시는 것이다. 즉 '하지 않는 것'은 언젠가 다시 우발적으로라도 할 수 있게 되지만 '용서하고 사랑하는 일에 몰두하는 사람'에게는 그러한 '하지 말아야 할 것'들이 저절로 끊어져 나간다는 것이다. 이는 '악을 행하지 않기 위해' '주의 뜻을 행해야 하는 것'이다. 예를 들어 늘 쉽게 분노하는 성격을 없애기 위해 그 어떤 노력을 하는 것보다, '상대를 사랑하는 것'을 되풀이하면 '쉽게 분노하는 성격'이 변화된다. 그래서 예수님은 늘 '……하라'고 우리에게 가르치고 계신다.

복음서에서 율법을 잘 지키는 부자 청년이 예수께 나아와 "내가 무슨 선한 일을 하여야 영생을 얻으리이까" 하고 물을 때, 예수께서는 계명들을 지켜야 한다고 말씀하시면서 네 가지 '하지 말 것'과 두 가지 '할 것'을 일러 주셨다. 부자 청년이 그런 것은 다 지켰다고 하자 예수님은 또 다른 계명을 주셨는데, 온 재산을 팔아 가난한 자에게 나누어 줄 것과 그리고서 예수님을 따를 것을 이르시며 말씀을 맺으신다.

그런데 여기서 영생에 필요한 두 가지 '할 것'이 하나는 '부모 공경'이요, 하나는 '이웃 사랑'이라는 데 놀라지 않을 수 없다(마태복음 19:19).

그 많은 주님의 뜻 가운데 영원한 생명을 얻기 위해 두 가지 해야 할 것을 먼저 꼽으라면, 바로 '부모 공경'과 '이웃 사랑'이라는 것이다. 어찌 보면 순서가 바뀐 것 같기도 하고, 그동안 들어온 성경 지식으로는 그것에 왜 부모 공경이 들어가나 하고 의아하게 생각하는 사람도 있을 것이다.

기독교는 믿음으로 구원받고 주를 따라가며 열심히 주의 일을 하는 것이 우선인 줄 아는 사람에게 무척이나 찔리는 말씀이기도 하다. 바로 이 문맥에서 믿음이 좋고 열심으로 교회 일을 해왔으나 부모를 공경하는 것은 생각해 보지 않은 사람들은 당황스럽지 않을 수 없을 것이다. 그러나 믿음이 있다면 그 믿음에는 반드시 열매가 있을 것이요, 그 많은 열매 중 가장 귀한 것 두 개만 거론하라면 부모 공경과 이웃 사랑이라는 이야기가 된다.

기독교 안에서 부모 공경은 그렇게 우선적으로 지켜야 하는 계명은 아니라고 많은 사람들이 생각할 것이다. 그러나 적어도 복음서를 자주 대하다 보면 그것이 잘못되었음을 깨닫게 된다.

기독교는 분명 부모 공경이라는 계명을 이전부터 사용해 왔다. 잘 알다시피 십계명을 보면 인간이 하나님 앞에서 지켜야 할 굵직한 계명들이 있다. 그런데 그 순서를 보면서 좀 색다른 것을 발견한다. 십계명의 1계명부터 4계명까지는 인간과 하나님의 관계에 대한 이야기이며, 5계명부터 10계명까지는 인간과 인간 사이의 계명이다. 그런데 그 인간과 인간 사이의 계명 가운데 첫 계명(제5계명)이 바로 "부모를 공경하라"이다.

즉 우리는 신약이든 구약이든 부모 공경을 벗어나서는 주를 좇는 것이 어렵다는 사실을 전하고 있음을 깨닫게 된다. 그러면 왜 이렇게 성경에서 부모 공경을 강조하는 것일까.

먼저 '나'라는 존재는 바로 부모가 합쳐진 또 다른 모습이다. 나는 생물학적으로 보아도 어머니와 아버지가 합쳐서 만들어진 존재이며 부모 없는 나는 존재할 수 없다. 하나님은 나를 만드시기 위해 아버지라는 사람과 어머니라는 사람을 사용하신 것이다. 그래서 좋으나 싫으나 나의 반은 어머니요, 나의 반은 아버지다.

나의 외모 혹은 성품의 근원이 나를 낳으신 부모라는 것이다. 어찌 보면 그 두 분은 하나님께서 나를 존재시키기 위해, 나를 지명하여 부르기 위해 사용하신 주의 도구였다는 것, 그렇기 때문에 나의 근원이 되는 부모를 공경하는 것은 당연한 일이며 하나님의 뜻에 부합하는 길이다.

그런데 많은 사람들이 자신의 이러한 근원적인 문제도 해결하지 못한 채 주를 좇는다면, 분명 잘못 가고 있는 것이다. 주님은 여러분을 사랑하시기 때문에, 그리고 여러분이 잘되길 원하시기 때문에 부모를 공경하라고 하신다. 바꿔 말하면 우리가 사랑받고 잘되기 위해서는 부모를 공경해야 한다는 이야기가 된다. 잘 생각해 보자. 내 몸속에 흐르는 피의 출처는 반은 어머니요, 반은 아버지다. 즉 부모를 사랑하고 공경하는 것은 곧 나를 사랑하고 나를 존대하는 것이 된다. 그래서 부모를 사랑하지 못하는 사람은 자존감이 없다. 늘 부모에게 불만이 있기에 나 자신에 대해 자신이 없게 된다.

'주님이 나를 사랑하신다'고 아무리 이야기를 들어도 '그런가 보다'라고 생각하지, 가슴에 와 닿지 않는다. 내가 나를 사랑하지 않기 때문이다. 나도 나를 사랑하지 않는데 주님이라는 분이 나를 사랑한다고 하면 어찌 믿어지겠는가. 많은 사람들이 자존감이 적어서 늘 미래에 대해서도 부정적이요, 현실에 대해서도 부정적인 발언을 자주 한다. 그래서 늘 하나님을 '벌주는 분'으로만 생각하는 경우가 허다하다.

부모를 미워하면 나를 미워하는 것이며, 부모를 사랑하는 것은 곧 나를 사랑하는 것이 된다. 많은 사람들이 아버지, 어머니와의 관계가 회복되지 않은 채 주의 일을 열심히 하려고 한다. 그러나 그곳에는 참기쁨이 없으며 참자유도 없다.

부부가 살다가 이혼한 경우, 아이들에게 자신과 이혼한 사람(아빠 혹은 엄마)을 계속 나쁘게 말하면 아이는 기쁘게 알아듣는 것이 아니라 그 말과 함께 무의식적으로 자신이 형편없는 아이라는 것을 뇌리에 새기게 된다. 그 아이의 반이 이혼한 아빠 혹은 엄마의 모습이기 때문이다.

그러한 일은 아이들에게 한 번으로 끝날 상처를 두 번, 세 번 주는 격이 된다. 지혜로운 사람이라면 자신과 헤어진 사람 곧 아이의 반쪽인 그 사람에 대해 이왕이면 "당시 어쩔 수 없었고 그 사람도 좋은 사람이었다"고 이야기해 주는 편이 낫지 않은가. 이만큼 부모와 나와의 관계는 단순한 관계가 아니기에 주님은 부모를 공경하라고 하시는 것이다.

어떤 생물도 자신이 만들어질 때 주님이 사용하신 그 존재를 닮지 않는 경우는 없다. 하나님의 아들은 하나님이요, 사람의 아들은 사람이요, 거머리의 딸은 거머리다.

내가 음악인으로서 사람들과 각 방송국에서의 좋은 반응을 대하고도 늘 그 일이 나의 일같이 여겨지지 않던 이유도 이와 관련된다. 내 위로 13대 할아버지까지 모두 사람을 가르치는 훈장이었다고 한다. 그것을 꺾어 보려 했지만 나는 다른 음악인처럼 연예인 기질이 없었다. 하나님이 주신 달란트는 있었지만 그 끼가 없었다는 것이다. 그래서 가요계에서도 '교장 선생님'이라는 애칭까지 받기도 했다.

나는 부모의 과거요, 동시에 나를 낳아 준 부모의 미래다. 부모와의 관계가 (그분들이 살아 계시든 아니든 관계없이) 회복되지 않는 한 그 사람의 신앙은 늘 흔들거릴 뿐이다.

그러한 나를 이 세상에 존재하게 한 부모 역시 나처럼 연약한 인간이었다는 것을 인정해야 한다. 어렸을 때는 부모를 종종 슈퍼맨이나 슈퍼우먼으로 생각한다. 그러나 나이가 4, 50이 넘어가면서 부모를 이해하게 되는 것은 자신도 점점 힘이 빠지는 쪽으로 기울게 되기 때문이다.

내가 가끔 숨죽여 울듯이 나의 부모도 삶의 어려움과 외로움 안에서 그랬을 것이다. 내가 가끔 유혹에 시달리듯 나의 부모도 그랬을 것이다. 내가 내 아이들 때문에 속을 썩듯이 나의 부모도 나 때문에 그랬을 것이다. 그리고 나의 부모가 말없이 이 세상을 떠났듯 나도 그렇게 떠날 것이다.

우린 상대를 너무 크게 보는 경향이 있다. 그러나 인간은 다 똑같다. 슬퍼서, 힘들어서 울고, 연약해서 두려워하고, 막연히 미래를 걱정하며, 작은 일에도 미움이 생기는 것. 그것이 우리네 인생들의 이야기요, 인간의 본성이다. 그래서 위로자이시며 우리를 도우시는 예수님이 꼭 필요한 것이다.

더 늦기 전에, 부모가 나에게 어떻게 했나를 생각하기보다 내가 부모에게 어떻게 했나를 생각하면서 나와 부모 사이에 온전한 관계를 다시 만들어 가자.

그때 그 시절 우리의 부모도 다른 방법이 없었을 것이다. 부모를 용서하고 사랑하는 것만이 내가 사랑받고 있음을 확인하는 길이라는 사실을 늘 마음에 간직하자. 나도 어느덧 부모가 되지 않았는가.

나와 부모와의 관계가 회복될 때 내 아이는 건강한 정신을 갖게 된다.

행복 1

*

*

*

성경을 읽어 가다 보면 정말 주님이 원하시는 것은 '일' 이전에 주님과의 바른 관계임을 알게 된다. 주님과의 바른 관계에서는 선한 일 외에도 많은 풍성하고 좋은 것들이 그 사람의 인생 전반에 걸쳐 나온다. 반면, 일에 초점을 맞추는 사람은 율법적인 신앙과 기쁨이 사라진 신앙을 가지게 된다.

그래서 율법을 지키고 선한 일을 했지만 늘 근심거리가 머리를 떠나지 않은 복음서의 그 부자 청년처럼, 행복하지 않은 신앙생활, 기쁨이 없는 신앙생활을 그냥 하나의 습관처럼 혹은 때워야 하는 시간처럼 여길 수밖에 없는 사람이 된다.

만일 사람들에게 여생을 어떻게 살고 싶으냐고 묻는다면, 열 명 중 아홉은 지금보다 더 행복하게 살고 싶다고 이야기할 것이다. 하지만 그 행복의 근원도 모른 채 오늘도 막연히 행복해지기 위해 수많은 사람들이 자신의 위치에서 최선을 다하며 노력한다. 어떤 이는 공부를, 어떤 이는 사업을, 어떤 이는 돈을, 어떤 이는 좋은 줄을 잡아 출세를 위해 지금 이 시간에도 애를 쓰고 있을 것이다.

행복이 뭐라고 생각하는가? 인생에서 우리가 행복보다 더 간절히 바라는 것이 있을까. 이처럼 정의하기 어렵고 복잡한 주제도 없을 것이다.

사람들은 저마다 자신을 행복하게 해주리라고 믿는 것을 얻기 원하며 또 소유하려고 애쓴다. 건강, 매력적인 외모, 이상적인 결혼, 안락한 집, 성공, 명성 등 행복의 목록은 끝이 없다. 그러나 놀랍게도 이러한 목표를 이룬 사람 모두가 행복을 발견하는 것은 아니다.

북아메리카의 한 통계를 보면 생각보다 많은 사람들이 우울증으로 시달리고 있다고 한다. 미국만 하더라도 매년 30만 명이 자신의 삶을 끝내려고 시도하며 이중 4~5만 명가량이 자살에 성공한다고 한다.

행복이란 무엇인가에 대한 정의는 사람마다 매우 다르다. 어떤 철학자는 행복을 "결코 도달할 수 없는, 실체가 없는 목표"라고 결론지었고, 독일의 유명한 철학자 쇼펜하우어는 "인간은 결코 행복하지 않지만 자신을 행복하게 해주리라고 생각하는 것을 얻으려고 애쓰며 전 생애를 보낸다"라고 말한 바 있다.

사전을 통해 일반적으로 행복은 두 가지 개념이 있음을 알게 된다. 아메리칸 헤리티지 사전은 행복이란 "외적 상황에 의해 결정된 상태, 즉 행운이나 외부의 좋은 사건으로 나타나는 상태"라 하고, 웹스터 대학 사전은 "정서적 상태, 느낌, 적극적 감정으로서, 예를 들면 즐겁거나 기쁜 사람들의 감정 표현 혹은 일시적이거나 지속적인 좋은 마음의 상태"라 하고 있다.

보통 기독교인들이 전자의 개념만 알고서 기독교인은 행복이라는 단어보다는 기쁨이라는 단어를 써야 한다고 말하는 경우가 있는데, 그것은 행복의 깊은 의미에 '마음의 기쁨'이 있음을 알지 못해서 하는 말이다.

시편 34편은 다윗이 위급한 상황 가운데 적군의 우두머리 앞에서, 다시 말하면 자신을 금방이라도 죽일 수 있는 적장 앞에서 하나님께 고백한 시라는 점에서, 우리는 더욱 그 가치를 느끼게 된다. 인간의 본능으로는 도저히 행복하거나 기쁠 수 없는 상황에서 오히려 여호와를 찬양하고 자신의 깊은 곳, 내면의 샘에서 솟구쳐 오르는 그 '기쁨의 근원'을 찬양하였다는 데 놀라지 않을 수 없다.

시편 34편 1절에서 그는 "내가 여호와를 항상 송축함이여 내 입술로 항상 주를 찬양하리이다"라고 고백한다. 죽을 수밖에 없는 상황에서도 내가 하길 원하는 것은 오직 하나님을 찬양하는 것이라는 고백이다. 여기서의 찬양은 노래만을 말하는 것은 아니다. 찬양 praise이라는 의미는 그분을 높여 드린다는 뜻으로, 포괄적 의미가 있다. 삶, 예배, 선행, 순종 등으로 우리가 찬양하는 길은 방법이 매우 다양하다.

세계적 스타를 꿈꾸며 뉴욕에서 지낼 때.
당시 내 삶의 가치관은 오직 돈과 명예였다. 그
래서 한국이 좁아 보이기만 했다. 그런데 갑자
기 몸이 아파 귀국했고, 2년 뒤 신학교에 입학했
다. 당시 가족은 내게 그저 평범한 공동체였지
만, 지금은 주님 다음으로 가장 귀한 존재다.

이러한 찬양을 다윗이라는 주님의 사람은 죽음의 문턱에서 택했다. 왜일까. 우리 중 누가 그렇게 할 수 있을까. 죽음 앞에서…….

다윗은 '생사화복生死禍福은 오직 여호와 하나님께로부터만 온다'는 진리를 깨달았기에 그 생사화복의 주인이신 하나님을 죽더라도 찬양하기를 원했던 것이다. 하나님 때문에 너무나도 기쁘고 행복한 시절을 보냈고 또한 보내고 있기에 죽음일지라도 자신과 하나님의 사이를 갈라놓을 수 없음을 그는 잘 알고 있었다.

하나님과의 관계가 다윗과 같이 바른 사람은 무슨 일을 하기 전에 먼저 주를 송축한다. 그렇게 하나님을 늘 가장 먼저 송축하는 사람에게는 생각지 못했던 기쁨이 마음속으로부터 피어오르게 된다. 그리고 자신이 하나님을 송축하며 자랑하는 것을 보고 다른 곤고한 자들이 살아난다고까지 이야기한다.

내 영혼이 여호와를 자랑하리니 곤고한 자들이 이를 듣고 기뻐하리로다(시편 34:2)

나는 1997년 주님을 인격적으로 만난 뒤 일반 목회를 하기까지만 8년간 전 세계를 다니며 주를 전했다. 당시 단 위에서 이야기하는 주제의 99퍼센트 이상이 하나님을 자랑하는 것이었다. 그런데 이상하게도 집회가 끝나고 나면 문제 해결을 받은 사람, 분노의 사슬에서 풀려난 사람, 슬픔의 강 속에서 허우적대다가 나온 사람 등 나도 놀랄 만한 일들이 계속되었다. 즉 하나님을 자랑했는데 그 자랑을 듣던 사람이 살아난 것이다. 시편 34편 2절이 그냥 타인의 고백으로 그친 것이 아니라 하나의 진리가 된 것이다.

왜 그런 일이 벌어졌겠는가. 바로 그 집회에 살아 계신 하나님이 함께하셨기 때문이다. 그리고 살기 위해, 너무 힘들어서 혹시 무슨 좋은 일이라도 있을까 하며 막연한 기대를 가지고 온 '마음이 가난한 자'를 하나님께서 그냥 돌려보내지 않으신 것이다.

반대로 '거듭남' 이전에 집회 같은 일반 공연을 수백 회 했지만 누군가 곤고함이 풀렸다는 그런 이야기는 한 번도 들어 보지 못했다. 이것이 주를 자랑하는 것과 나를 자랑하는 것의 차이라고 할 수 있다.

즉 '선한 일'도 중요하지만 먼저 우리 마음속에 행복함과 기쁨이 있길 주님은 원하시기에 우리는 무엇이 먼저인 줄을 알아야 한다. 주님이 빠진 행복은 끝도 없는 욕망처럼 때가 되면 또 새로운 것을 찾아 나서기 때문에 우리 영혼이 피리해져 간다. 반면에 주님과의 관계가 회복되면 회복될수록 여호와께 구하게 되고 응답받게 된다 (시편 34:4).

나는 예전에 눈에 보이는 것 외에는 아무것도 존재하지 않는다고 굳게 믿던 무신론자였다. 그리고 어느 날부턴가 사방팔방이 벽으로 막힌 것 같은 상황이 나를 오랫동안 짓누르더니 그 상황은 점점 악화되어 갔다. 주를 몰랐던 나는 그런 상황으로부터 오는 모든 신경증…… 우울, 짜증, 공포 등을 약으로만 해결하려 했다. 하지만 너무 오랜 기간 동안 지속되는지라 모든 것을 포기하기에 이를 만큼 지쳐 버렸다.

바로 그때 주위의 권유로 성경을 읽다가 어느 순간 한쪽에 막힌 벽이 아니라 살아 계신 어떤 절대자의 임재가 느껴지면서 오랫동안 나를 감금해 왔던 그 무엇으로부터 첫 해방감을 느끼게 되었다. 어쩔 수 없는 상황으로 괴로워하는 나에게 이제, 어쩔 수 있는 상황으로 주변이 바뀐 것이다.

좀더 정확히 이야기하면, 주변은 변한 것이 없지만 바로 그 순간 주변을 보는 나의 마음의 눈이 변한 것이다.

우리가 언제 가장 우울한가. 더 이상 방법이 없을 때, 내가 어떤 상황에서 도저히 빠져나갈 수 없을 때 불안하고 우울해진다. 그런데 바로 그 막혔던 벽이 열리고 새로운 세계가 보인다고 생각해 보자. 우울의 긴 터널에서 마침내 나오게 되는 것이다. 이처럼 '막힌 곳이 열릴 때, 묶인 곳이 풀릴 때, 세상이라는 낚싯바늘에 걸린 나를 누군가 놓아줄 때' 그 자유함은 우릴 기쁨이라는 샘으로 데려간다.

하나님은 우리의 곤고와 기도를 들으신다. 그리고 응답하신다. 괴롭고 힘든 가운데 길을 열어 달라고 기도하면 그 기도하는 동안 종교적 감흥 같은 것으로 마음이 평안해지는 상태로 끝나는 것이 아니라 진짜로 현실 세계에서 꽉 막혔던 문이 열린다.

하나님께 구하매 내게 응답하시는 것이다. 눈에 보이지 않는 어떤 절대자를 느끼는 데서 끝나는 것이 아니라 그분과 기도를 통해 교통할 수 있는 것이다.

우리가 한 국가의 대통령과 전화할 수 있는 막역한 사이라면 때로 얼마나 편하겠는가. 그런데 온 천지의 창조주 되시는 하나님과 전화하듯 기도로 교통이 된다면 무엇이 답답하고 우울하겠는가.

하나님을 찾으면 선한 일을 하게 될 뿐 아니라, 그 이전에 표현할 수 없는 기쁨의 세계, 은혜의 세계로 초대받는다. 그래서 세상적으로 잘 살던 사람도 주를 만나면 그물을 버린 베드로처럼 주를 좇는 것은, 세상은 예수 그리스도의 세계에 비하면 한낱 장난감 놀이 같기 때문이다.

오늘도 장난감 때문에 너무 힘들어하지 말자. 진짜 하늘과 진짜 현실에 마음을 두자. 그래서 늘 기쁠 수밖에 없는 우리 모두가 되길 주님은 이 시간에도 바라고 기다리신다.

　　　　　　　　　　　　．

　내가 여호와를 항상 송축함이여 내 입술로 항상 주를 찬양하리이다
　내 영혼이 여호와를 자랑하리니 곤고한 자들이 이를 듣고 기뻐하리로다
　나와 함께 여호와를 광대하시다 하며 함께 그의 이름을 높이세
　내가 여호와께 간구하매 내게 응답하시고 내 모든 두려움에서 나를 건지셨도다

그들이 주를 앙망하고 광채를 내었으니 그들의 얼굴은 부끄럽지 아

니하리로다(시편 34:1-5)

5

호흡

*

*

*

문화 단상

*

*

*

성경에 보면 구약의 율법을 읽을 때 '이런 일이 왜 기록되었을까' 하는 내용들이 '하지 말라'는 형식으로 기록되어 있다. 예를 들면 레위기 18장의 다음과 같은 내용이다.

각 사람은 자기의 살붙이를 가까이하여 그의 하체를 범하지 말라 나는 여호와이니라 네 어머니의 하체는 곧 네 아버지의 하체이니 너는 범하지 말라 그는 네 어머니인즉 너는 그의 하체를 범하지 말지니라 너는 네 아버지의 아내의 하체를 범하지 말라 이는 네 아버지의 하체니라 (6-8절)

너는 네 이웃의 아내와 동침하여 설정하므로 그 여자와 함께 자기를 더럽히지 말지니라 (20절)

너는 짐승과 교합하여 자기를 더럽히지 말며 (23절 상)

말도 안 되는 이야기라고 생각할 수도 있으나, 당시에 그러한 일이 있었다는 것을 반증해 주는 증거가 된다. 아무런 일이 없는 곳에는 법이 존재할 수 없다. 태초로부터 사람이 사람을 때리지 않았더라면 폭력에 관한 법률은 없었을 것이다.

따라서 그 나라의 법을 보면 그 나라의 국민이 처한 상황을 알게 된다. 비근한 예로 최근 한국 드라마를 보는 사람들이 드라마 내용에 너무 불륜이 많이 그려진다는 이야기를 자주 한다. 그러나 언제나 작품의 소재는 주변에서 나온다는 평범한 진리를 생각해 보자. 우리는 본 것을 따라 하며, 들은 것을 흉내 낸다. 즉 최근 드라마가 우리 주변에 실제로 불륜이 많음을 드러내고 있는 것이다. 이와 같이 문화란 공급하는 자가 있고, 그것을 필요로 하는 자가 있을 때 그 필요로 하는 쪽으로 기울게 된다.

아무리 이곳 북아메리카에서 한국 트로트 음악을 수단 방법 가리지 않고 알리려 한다 해도, 그것은 불가능할 것이다. 이곳 사람들은 그런 음악을 좋아하지 않기 때문이다. 그렇기에 어떠한 음악이 그 나라에서 주류를 이루는지, 어떠한 책이 잘 팔리는지, 어떠한 영화가 블록버스터가 되는지를 보면 그 나라 사람의 성향을 대략 읽을 수 있다.

더 나아가 그 나라의 정신을 이끌어 가기까지도 하는 것이 문화 아닌가. 그래서 일제강점기 35년간 그들이 우리를 영토뿐만 아니라 문화까지도 식민지화하려고 했던 것이 아닌가. 바로 우리의 정신을 바꾸어 놓기 위함, 우리의 정신을 마비시키기 위함이었다.

이처럼 국가와 문화의 관계는 매우 깊다.

나는 일 년에 한 번씩은 한국을 방문하려고 노력한다. 두 가지 이유 때문인데, 하나는 외국에 사는 한국인으로서 대한민국의 향기를 잃지 않기 위해서요, 다른 하나는 이제 연세가 꽤 많고 늙으셨지만 나를 낳아 주신 어머니를 뵙기 위해서다.

그런데 갈 때마다 빠르게 변하는 한국을 보며 때로는 다시 외국에 온 기분까지도 들곤 하는 것이 솔직한 심정이다. 내가 생각하는 고향은 마음과 머릿속에만 있지, 지금 존재하는 한국에는 이미 그 모습이 사라진 지 오래다.

또 놀라는 것은 한국에서 만들어진 새로운 문화의 변화다. 내가 음악을 만들고 영화를 보고 뮤지컬을 했을 당시가 20년, 25년 전밖에 되지 않았는데, 한국의 문화와 예술은 너무 빠른 속도로 변해 왔다.

내가 하던 그런 음악, 내가 좋아하던 그런 영화는 없어진 지 오래다. 언제부턴가 예술성과 깊이가 사라진 음악과 문화가 판을 치는 세상이 되었다. 뭐든지 자극적이어야 하고, 뭐든지 단판 승부를 내야 하는 것들로 바뀌었다. 예전엔 대중 스타라는 개념이 있었지만 이제는 특별한 분야를 제외하곤 3년, 5년 주기로 바뀐다. 그래서 한 시대를 이끌어 가는 대중 스타는 안 나온 지 오래다. 소위 알려지는

지구상에 사랑하는 두 여인 중 한 분. 엄격하신 아버지와 달리 어머니는 늘 자애롭고 헌신적인 분이셨다.
어머니는 비록 성경을 모르시지만, 나는 어머니의 모습에서 지혜와 사랑 그 자체를 본다.

음악도 예술성을 강조하는, 우리가 도달해야 할 정신을 그린 음악은 없고, 단 한 소절이라도 들어서 빨리 따라 할 수 있고 외워지는 음악들이 주류를 이루는 시대가 되었다.

어떤 음악 후배에게 들은 바에 의하면 이제 노래 전곡을 만드는 우매한 일은 잘 안 한다고 했다. 몇 소절만 만들어 그것을 이동통신 회사와 잘 엮어 휴대전화의 컬러링으로 많이 사용되도록만 하면 수십억 수백억을 번다고 하니, 그 누구도 원시적인 방법으로 음악 하기를 원하지 않는다는 것이다. 3분 50초짜리 노래를 만들 이유가 없어지고 20초, 10초짜리 소절을 만들어 녹음한다고 했다.

이러한 상술에 저항이라도 하듯 한국에는 트로트 바람이 불고 있고 그것이 이어지도록 장려하고 있다고 한다. 장려하는 것은 그들의 자유라 하더라도 60~80년대 존재하던 트로트와 지금의 그러한 음악을 비교해 보면 대부분 가사가 너무나 선정적임을 말하지 않을 수 없다. 사람의 마음속으로 들어갈 노래 가사에 문제가 있어도 조금 있는 게 아니라는 것이다.

누군가 말하기를, 사람은 생각하며 살아야 한다고 한다. 생각하지 않는 사람은 동물과 다를 바 없다는 말일진대, 지금 한국 문화와 예술을 보면 전부는 아니더라도 대부분이 생각을 하지 못하게, 생각 없이 말을 뱉고 감정을 표현한다. 온통 한국 문화에 깊이가 없어진 듯하다. 무엇을 말해도 은근히 돌려서 하는 아름다운 기법을 촌스럽다고들 한다. 솔직하지 못하다고, 그래서 그들은 직설적으로 말하고 또 그렇게 떠들고 있다.

　내가 음악 하던 시절, 외국 팝 문화에 휩싸여 한국 음반 시장이 오랫동안 불황이었던 것은 사실이지만 그중에서도 어떤 음악, 어떤 아티스트들은 한국 음악의 새 장을 열며 최초로 외국 팝 음악을 앞서 음반 판매고를 올리는 일도 있었다. 어떤 곡들은 유럽이나 다른 시장에 팔려 나가기도 했다. 그야말로 음악이 수준이 있었다. 그중에는 대중음악의 음악성이 너무 뛰어나 클래식을 하는 사람까지도 경청하게 되는 음악들이 꽤 있었던 것으로 안다. 그런데 지금은 어찌 된 일인지 자꾸 거꾸로 가는 듯하다. 1960년대 음악도 가사가 지금 음악 같지는 않았던 것을 기억한다.

　문제가 이것으로 끝나면 여기서 이야기를 꺼내지 않았을 것이다. 한 나라의 문화와 정서는 그 나라 국민의 삶을 대변한다. 혹은 그것을 넘어 문화가 대중을 이끌고 앞으로 나아가기도 한다. 그만큼 영향력이 크기 때문에 이야기하는 것이다.

　최근 들어 한국에 자살이 급증한다고 한다. 인스턴트 사랑이 넘쳐나고, 갑작스런 돈벌이에 몰두하며, 머리에 땀 흘려 돈을 버는 사람이 바보 취급 당하는 시대에 살고 있다 보니, 옆을 봐도 그렇고 앞을 봐도 그렇고 자신만 바보처럼 산다는 기분이 들게 된다.

　그래서 너도나도 한탕 해보려다가 잘못되면 깊이 생각하지도 않고 쉽게 자살을 택한다. 모든 것이 쉽고 얕기에 생각도 얕아진 탓이다. 쉽게 벌고, 쉽게 사랑하고, 쉽게 일하고, 쉽게 죽는다. 모든 일에 잠깐만이라도 생각하고 고뇌하며 혹은 쉬어 가는 문화가 없다. 쉬면 망하는 줄 안다.

자신도 모르게 자꾸 보아 온 드라마나 영화의 필름, 노래 가사는 자신도 모르는 동안 뇌 속에, 가슴속에 차곡차곡 저장된다. 평상시 그런 얕은 정신으로 살아온 사람들은 결정적일 때 강해지지 못한다. 자신을 지킬 만큼 훈련이 되어 있지 않기 때문이다. 그래서 정조에 대한 개념도, 삶에 대한 귀중함도 없기에 쉽게 버리고 쉽게 떠난다. 얼마나 많은 영화에서 인간의 목숨을 파리만도 못하게 표현하는가. 여자의 정절은 또 어떤가. 왜 이러한 문화가 그토록 난리일까.

앞서 이야기한 대로 그것을 원하는 다수가 있기 때문이다. 마약도 사용하는 사람이 없다면 판매가 사라질 것이다. 중학교 때 배우지 않았는가. 수요 없는 공급은 없다고. 바로 수요가 늘어나기 때문에 공급이 늘고, 그런 종류의 것들을 요구하기에 그렇게 되어 가는 것이다. 한마디로 악의 악순환이라고나 할까.

이렇게 방치하면 자살 문화는 계속 만연할 것이다. 무슨 방법이 있을까?

다시 '생각'할 수 있도록 배려해 주는 것이다. 문화, 예술에서부터 사회의 분위기까지. 우리 모두 말하기 전에 두 번만 생각하면 어떨까. 행동으로 옮기기 전 조금 더 생각하자…….

성경을 읽다 보면 자꾸 생각하게 된다. 그것을 묵상이라고도 한다. 나를 만드신 창조주가 있다는데 그것에 관해 생각해 보는 거다. 정말 나는 만들어진 존재인지, 아니면 오랑우탄이 나의 조상인지.

나도 거듭나기 전에는 생각 없이 행동하는 사람이었다. 그래서 득보다는 실이 많았음에도 생각하는 것에 훈련돼 있지 않음으로 손해를 보면서도 생각하기 싫어했다. 그렇게 38년을 살다 보니 나중에 죽음이 나를 부르고 있었다. 그제야 이게 어찌 된 일인가 하고 놀랐다. 바로 그때 어느 분의 도움으로 성경을 읽게 되었고, 성경은 나로 하여금 처음으로 인생에 대해 생각하게끔 만들어 주었다.

나는 한 번도 내가 만들어졌다고 생각해 본 적이 없으며 내가 왜 세상에 태어났는지 그 목적과 이유를 생각해 본 적도 없었다. 그런데 성경을 읽다 보니 하나님이 나를 사랑하셔서 만드셨으며 나를 향하신 목적이 있다고 했다. 나는 실수로 태어난 아이라고 들어 왔기에, 그래서 몇 번이나 지우려 했으나 실패했다고 들었기에, 나는 평생 삶에 대한 뚜렷한 목표가 없었다.

그런데 하나님은 달랐다. 나를 만드시고 심히 보기 좋으셨다고⋯⋯. 내가 하루아침에 사랑받는 존재가 된 것이다. 그러니 내 목숨도 내 것이 아님을 깨닫게 되었고 그 사실에 너무도 감사하게 되었다. 내가 실수로 태어난 것이 아님을 안 것이 얼마나 기쁘던지⋯⋯.

생각은 우리를 성숙하게 하고, 사건을 진정시킨다. 그리고 눈앞에

2002년 가을, 캐나다로 떠나기 전 서울에서 가진 마지막 공연 중에.
공연을 하며 늘 이런 기도를 드린다. '한 명이라도 위로받고 치유받게 하옵소서'라고.

보이는 일들을 외형 그대로 판단하지 않게 한다. 그래서 인간이 동물과 가장 다른 점이 바로 생각하면서 살도록 설계되었다는 것이다.

우리는 한국 사람이다. 우리나라의 앞길이 우리 손에, 그리고 우리 자녀들의 손에 달렸다. 아무리 외국에 살아도 영원한 조국은 오직 대한민국이다. 우리나라의 미래를 위해 이제라도 각 분야에 있는 사람들 모두가 각자 맡은 분야를 더 아름답게 가꾸어 가야 하겠다. 아름답게 가꾸기 위해선 조금은 시간을 가지는 여유 있는 문화를 만들어 가자. 인스턴트 식의 삶은 결국 어둠의 길로 우릴 몰고 간다.

조국을 사랑한다면 정치, 경제, 사회, 문화, 예술, 모든 분야에서 우리 각자가 시간을 가지고 지금만을 볼 것이 아니라 50년, 100년 뒤를 생각하면서 깊이 사고하며 일을 도모해 가야 할 것이다.

급하면 재앙을 부른다.

나의 고유성

*

*

*

세습이라는 단어를 국어사전에서 찾아보면 "신분, 직위, 업무, 재산 따위를 대를 이어 물려주거나 받는 일"이라고 되어 있다. 그런데 우리는 세습이라고 하면 좋은 의미보다는 나쁜 의미를 연상하게 된다. 주로 아름답지 않은 경우 이 단어가 사용되어 왔기 때문일 것이다. 하지만 예를 들어 신도들이 약 50명 되는, 아버지가 개척한 교회를 아들이 목회자가 되어 물려받는 경우에는 대개 그것을 세습이라는 의미로 말하지 않는다. 국어사전에 나와 있지 않지만 그냥 가만히 있어도 의식주가 해결되는 그런 면을 강조할 때, 주로 부정적인 의미로 말하는 것 같다.

하나님은 인간을 창조하실 때 그냥 심심해서 만드신 것이 아니라, 그에게 시킬 일이 있어 지명하여 부르셨다고 성경은 전한다. 그것도 신묘막측하게 지으셨다고 한다. 이것은 무엇을 말하는가. 사람마다의 고유한 특성, 다시 말하면 전문성specialty이 있다는 말이다. 야구에서도 수비를 안 하고 전문적으로 타격만 하는 선수를 지명타자라 하지 않는가. 우리는 주님 입장에서 보면 '지명 인간'인 것이다.

이것을 알고 나면, 나의 독특함과 내가 지구라는 이 초록별에서 할 일이 있다는 사실이 우리를 얼마나 기쁨에 넘치게 하는지 모른다. 가끔 희망 없어 보이는 현실에서도 우리는 분명 할 일이 있는 사람이라는 이 사실이 우리에게 적지 않은 힘과 에너지를 주곤 한다.

세계적으로 알려진 노래 가운데 영국 밴드 핑크 플로이드Pink Floyd의 〈더 월The Wall〉이라는 곡이 있는데, 그 곡의 가사는 "우리에게는 교육이 필요 없어요……" 하면서 각자의 개성을 무시하고 지나치게 주입을 요구하는 교육, 그래서 모두가 통조림 깡통처럼 같은 꼴이 되어 버리는 당시 현대 교육을 비판했다. 그 곡은 뮤직비디오와 함께 전 세계 젊은이들의 마음을 사로잡으며 엄청난 판매고를 기록했다. 이것은 무엇을 말해 줄까.

인간이면 누구나 자신의 개성을 존중받고 싶어 한다는 것이다. 다시 말해 자신의 고유함을 나타내길 원한다.

세습의 경우를 보면 정도의 차이는 있겠지만, 보통 자식을 위한다고 하는 것이 대부분이다. 그러나 사실은 위하는 것이 아니라 부모의 삶을 한 번 더 대신 살아 주는 결과가 되곤 한다. 물론 예외 없는 법칙은 없다고, 특별한 경우도 있을 것이다. 그러나 부친의 그 무언가를 물려받은 사람은 그 순간부터 자신의 고유성을 잃게 되는 경우가 태반이다. 돈이나 명예를 떠나 자신이 태어난 이유를 아버지가 결정하는 셈이다. 그러다 보니 내 삶은 없어지고, 아버지가 130년을 건강하게 산다고 가정할 때 일어나는 일들이 일어난다(아버지의 삶을 80년으로 보고 그 아들이 물려받아 50년을 산다고 할 때).

사실 우리는 자신의 달란트에 대해 잘 모르는 경우가 허다하다. 그러나 어떤 계기로 오랫동안 실직을 하였거나 사업에 실패해서 오랜 동안 고초를 겪은 뒤, 오히려 뒤늦게나마 자신의 달란트를 찾아 정말 은혜로 행복하게 그 일을 하며 사는 경우도 꽤 많다. 남들이 하니까 따라 했다가 실패한 그 계기가 그에게 새롭게 사명을 찾아 준 경우다.

세상의 역사를 바꾸어 놓은 이들이 만일 아버지의 일을 그냥 물려받아서 잘 먹고 잘 살았더라면 이 지구의 역사는 달라졌을 것이다. 어찌 보면 통조림 되길 싫어하면서 좋은 통조림인 경우엔 은근히 되고 싶어 하는 참 아이러니한 모습도 우리 안에는 존재한다.

성경에서도 쓰임 받은 인물들은 하나같이 모두 아버지의 일을 물려받은 사람이라기보다는 자신의 삶을 산 사람들이었다. 다윗도 목동 일을 계속하지 않고 주의 은혜로 정치를 하게 되었으며, 모세도 레위 지파 일이 아닌, 한 나라의 지도자로서 당시 사람들에게 꿈과 희망을 주는 일을 하였다. 사도 바울도, 베드로도 모두 조상 적부터 하던 일을 버리고 주를 좇음으로 역사 속의 인물이 될 수 있었다.

자신이 스스로 이룬 경우라기보다는 대부분 불가항력적으로 하나님의 인도함을 받은 경우라 할 수 있겠다. 그러나 그 인도함을 받을 때 조상 적부터 해오던 일들을 과감히 버렸다는 것이 일반 사람과 다른 점이다.

사람에게는 늘 두 가지 면이 있다. 모험하고 싶은 마음과 편하고 싶은 마음. 이 두 가지는 언제나 공존한다. 그래서 모험을 할 것 같던 사람이 갑자기 현실적이 되고, 현실적인 사람이 어쩔 수 없이 모험의 길을 떠나는 모습도 보곤 한다.

일반적으로 세습은 우리에게서 모험의 가능성마저 빼앗아 간다. 그 편리함과 안락함에 끌려가는 자는 꿈이라는 단어와는 멀어지게 된다.

주변을 보면 능력 있어 보이는 사람들이 자기 부모의 제2인생을 살아 주는 안타까운 모습을 자주 보게 된다. 나는 지금까지 살아오면서 자신의 삶을 사는, 즉 자신의 고유한 삶을 용기 있게 사는 사람을 더 존경하곤 했다. 그가 가난하든 부유하든, 인간으로서 그 담대함이 아름답기 때문이다.

하나님은 사랑하는 자녀들을 신묘막측하게 지으셨다고 하는데 우리는 그 신묘막측을 너무 간단히 생각하는 것은 아닌지, 그저 잘 먹고 잘 사는 데만 초점을 맞추고 있는 것은 아닌지 생각될 때가 많다.

하나님은 누구에게는 음악을, 누구에게는 미술을, 누구에게는 말을, 누구에게는 운동을 잘 하도록 소질을 주셨는데 우리는 그것들보다 잘 먹고 편안히 사는 데만 목적을 두고 있지는 않은지…….

만일 잘 먹고 잘 사는 것에 신경 쓰는 사람만 있었다면 다윗, 모세, 베드로 같은 성경 인물들을 비롯해 톨스토이, 고흐, 프로이트, 넬슨 만델라, 비틀스, 스티븐 스필버그, 차범근 같은 인물들은 없었을 것이다. 이들에게 부와 명예가 보장되는 회사의 간부직을 시켰어도 어느 정도 잘했으리라 생각한다. 그 사람을 그냥 제자리에 가만히 둘 때 자신의 고유한 자리로 찾아갈 수 있음을 우린 생각해야 할 것이다.

예를 들어, 진로를 고민하는 형제에게 너무 간섭하거나 편안한 직장을 알선해 주면 그는 자신의 정체성을 잃어버리고 자신이 무엇을 좋아하는지도 잊어버리게 된다. 그리고 남들이 다 가는 길로 그도 가게 된다.

그래서 가정이 어려운 사람이 큰일을 하는 경우가 더 많다. 누구나 어려울 때 도움 받기를 원한다. 그러나 그 도움이 그의 마음의 눈을 감게 할 수도 있다. 편하고 편한 길에는 보통 특별한 사명이 없는 경우가 많기 때문이다.

한때 나도 진로에 대해 고민한 적이 있다. 그러나 건강이 안 좋아져 혼자서 조용히 오래 쉴 수밖에 없는 상황이 되었고, 그때 만든 곡들이 30여 년이 지난 지금까지도 한국에서 불리는 곡들이 되었다. 만일 내가 건강했다면 작곡을 안 했을지도 모른다. 선친을 닮으려고 노력하여 외국에서 학위 받아 와서 어느 대학에서 뭔가를 가르치는 사람이 되지 않았을까 생각한다.

아무리 개성이 강하더라도 돈과 명예 앞에서 개성을 끝까지 지키기는 어렵다. 그 상대가 자신의 부모인 경우는 더더욱 그렇다. 물론 이 이야기가 모두가 비범한 일을 해야 한다는 것은 아니다. 적어도 흉내 내거나 이 짧고도 귀한 인생을 남의 인생 살아 주는 데 소비하지는 말자는 것이다.

내 경우, 고등학교 다닐 때까지는 음악은 좋아했지만 작곡, 작사에 소질이 있는지는 잘 몰랐다. 그리고 은혜 받아 주님을 알고 난 후 목사 안수 받기 전까지는 글을 써보거나, 성경공부를 인도하거나, 더군다나 설교하는 것은 나와 무관한 일이라고 생각하곤 했다.

그러나 지금은 노래하는 것보다 때론 글 쓰는 것, 혹은 성경공부 교재를 만드는 시간이 나를 더 평안하게 해준다. 이것은 일어날 수 없는 일이 일어난 것이다.

나에게 숨겨져 있던 달란트를 주님이 발굴해 주신 것이 아닐까. 거듭남 이전의 내가 책 읽는 것조차 별로 좋아하지 않았던 것을 생각해 볼 때, 지금 일주일에 몇 권씩 책을 읽어야 마음이 편한 나는 도저히 이해가 가지 않는 부분이다. 물론 은혜를 받았으니 성경과 기도생활을 좋아하는 것이 당연하다 하더라도 일반 서적, 경건 서적을 읽는 내 모습을 내가 볼 때 주님의 역사에 감탄이 나온다.

나 같은 사람도 이럴진대, 정말 이 세계에 한 획을 그을 가능성이 있는 사람이 누가 하던 일을 맡아 밥이나 잘 먹으면서 그 일을 하고 있지는 않은지 걱정스럽다. 만일 비틀스의 존 레논이나 폴 매카트니의 아버지가 영국 대재벌이었다면 비틀스는 어떻게 되었을까. 넬슨 만델라의 친척 중에 권력 있는 사람이 있어서 그를 어려서부터 모든 고난에서 해방시켜 주었더라면 그는 지금 어떤 노인이 되어 있을까.

생각해 보면 끔찍하고 어마어마한 일을 우리는 오늘도 하고 있는지도 모른다.

캐나다의 가을은 유난히 아름답다. 단풍이 아름답기 때문이다. 그리고 파아란 하늘……그 어느 것도 같은 색깔은 없다. 같은 초록이라 해도 서로 다르다. 바로 이 다름 때문에 캐나다 가을이 '절경'이라고들 사람들은 이야기한다.

하나님이 만드신 모든 피조물의 세계는 마찬가지 이론이 적용된다. 각자 하는 일이 서로 다르면서 그것이 상호 보완적일 때 그 사회는 아름다울 수 있다. 의사, 검사, 예술가, 문학가, 정치인, 사업가, 직장인, 환경미화원, 미용사 등 어느 하나 아름답지 않은 것은 없다. 그러나 모두가 의사가 되길 원하여 전체 인구의 80퍼센트가 의사라면 그 나라는 이미 망하는 길로 들어선 것이다.

주님이 우릴 만드신 이유는 각자 쓸 데가 있으시기 때문이지, 몇 곳에만 사람이 필요했다면 이렇게 인구가 많게 두시지는 않았을 것

이다. 사람들의 얼굴이 다 다르듯 우리의 미래 또한 서로 다를 때 그
가치가 있는 것 아닐까.

적어도 흉내 내지 말자. 그리고 비교하지 말자. 그것은 사람이 할
일이 아니다.

주님께서 자신을 만드신 이유를 잘 생각하며 그 길을 가기를 두려
워하지 않을 때, 그는 한 인간으로서 진정한 삶을 사는 것이다.

우리가 침팬지와 다른 점이 바로 이 부분 아닐까. 나의 고유성.

온타리오 호수의 한적한 풍경.

한국인의 무한 가능성

*

*

*

캐나다로 이민 온 지도 만 8년이 지났다. 그동안 이곳에 살면서 많은 것을 느꼈지만 특별히 이곳 원주민 그리고 영국인들의 정복, 아프리카 흑인들을 끌고 와서 노예로 만든 일, 그 이후의 영향, 지금까지 많은 이민자들의 행렬과 그들의 삶을 보며 예전엔 하지 않던 생각을 하게 된다. 사실 이런 것들은 한국에서는 별로 깊이 느껴 보지 못했던 일들이다.

한국에 살 때는 그저 남의 나라 이야기라고만 느껴졌다. 전 세계인들은 미국인들의 의도적인 영화나 미디어를 통해 아메리카 대륙을 마치 그들이 당연히 거해야 하는 땅으로만 생각했고, 우리가 어린 시절에는 그곳 인디언(원주민)들을 오히려 약탈자로 알 정도로 영국인들의 이곳 정복은 100퍼센트 성공했다. 그러나 지금 와서 누구도 그렇게 이야기하는 사람은 없다. 이야기하는 사람이 이상해진다.

나는 하나님이 영국인들을 특별히 사랑하사 이곳 원주민들을 죽이고 약탈하게끔 허락하셨다고는 생각지 않는다. 그럼에도 영국에서 온 정복자들, 그리고 그 후손이 버젓이 잘살고 있는 것은 조금 이해하기 어려운 일이기도 하다.

물론 하나님은 모든 것을 협력하여 선을 이루시는 분이지만 선을 이루기까지 우리의 죄악 된 행위에 대한 징계가 반드시 이루어지는 것을 우린 부정할 수 없다. 내가 이곳에 살기에 변해 가고 있는 북아메리카를 많은 미디어를 통하여 좀더 구체적으로 알게 되었고, 또 누구보다도 이 땅에 관심이 많은 편이기에 특별히 그들의 정복과 오늘날의 결과 그리고 이민자들의 삶에 대해 할 이야기가 많아지게 되었다.

1960년의 일이다. 존 F. 케네디는 대통령 당선 후 타 종교인들에게도 호의를 베풀기 위해 그동안 몇 세기에 걸쳐 해오던 학교에서의 공예배를 금지하고, 공립학교 어디서나 쉽게 발견할 수 있는 주기도문을 모두 떼어 버리라고 지시한다. 그리고 그는 얼마 후 갑자기 암살당한다. 그러나 문제는 그것으로 끝난 것이 아니라 그때부터 북아메리카에는 소위 '정신'이라는 것이 사라지게 된다.

영국인들이 처음 아메리카 대륙에 왔을 때 그들을 모진 추위와 배고픔 그리고 짐승의 공격과 원주민의 침략 등에서 보호해 주던 주님, 그 하나님을 스스로 멀리하는 일들이 후손에게, 그리고 미래의 북아메리카에 어떠한 영향을 줄지 당시 아무도 예측하지 못했다.

한국에는 예부터 동양철학이 한국을 지켜 왔다고 해도 과언이 아니다. 사람이라면 해서는 안 되는 일과 해야 하는 일 등을 제시하며 한국을 그렇게 지켜 준 것은 바로 동양의 철학과 그 시대에 종교라 불리던 것들이다.

그러나 미 대륙으로 건너온 사람들에게는 그러한 철학이 없었고, 자신들을 영국에서 건너오게 만든 요인인 성경과 '주 예수 그리스도에 대한 믿음'밖에 없었다.

그들에게 믿음이 들어오기 전 그들은 이방 신을 모시던 이방 민족, 그리고 배를 타고 남의 나라에 가서 약탈을 일삼던, 이른바 유럽을 무대로 활약하던 해적들의 후예라는 것을 우린 잘 알고 있다. 그래서 그들에게 주님을 빼면 아무 이념이나 정신의 세계가 없으며, 이것이 바로 '오늘의 그들'과 밀접한 관계가 있다.

북아메리카에서 주님을 빼고 나니, 처음 5년, 10년은 별문제 없어 보였으나, 50년이 흐른 지금에 와보니 온갖 분야의 기본이 무너져 내리는 현실이 되어 버렸다. 가정과 윤리의 상실, 돈의 우상화, 성의 타락, 힘의 남용, 동성연애자, 낙태, 마약 등 그 큰 미국이라는 항공모함이 서서히 물속으로 침몰하고 있음을 보게 된다.

그것은 바로 그들을 지켜 주던 정신이 없어졌기 때문이다. 한국이나 중국 같으면 성경을 빼버린다 해도 기본적인 도덕이나 윤리까지 침몰하는 데는 상당한 시간이 걸리리라 생각된다. 하지만 북아메리카는 다르다. 성경 외에는 다른 뒷받침이 없기에 쉽게 그리고 끔찍하게 무너져 내리는 것이다. 사람도 정신을 놓으면 치매라는 병에 걸리듯 나라도, 민족도 정신이 필요한 것이다.

지금의 북아메리카는 그것을 모르고 있다. 대부분의 어른들, 나라를 이끌어 가는 주역들이 1960년대 이후 출생한 사람들이기 때문에 어려서부터 성경을 모르고 자란 사람들이다. 그래서 그들은 지금 무엇이 잘못되었는지조차 모른다.

그러나 아프리카에서 끌려온 흑인들의 경우는 조금 다르다. 그들은 자신들을 노예에서 해방시켜 주신 분이 하나님이라고 집에서부터 배운다. 그래서 요새 10대, 20대들은 교회에 잘 안 가더라도 3, 40대 이상이 모이는 흑인 교회는 지금도 북아메리카에 많고, 교회에 잘 안 가는 흑인들이라도 하나님이라면 무척 반긴다.

나는 복음 전도자의 사명으로 공항을 다닐 때가 많다. 그럴 때마다 출입국 심사원들을 마주하는데, 그들이 흑인인 경우와 백인인 경우 차이가 많이 나는 것을 매번 본다. 대부분의 흑인들은 내가 목사라고 하면 부드럽고 정중하게 대해 주는 반면 백인들의 태도는 냉정하고 지나치게 사무적인 것을 보면서, 왜 지금의 미국 대통령이 아버지를 케냐인으로 둔 흑인인지 이해되게끔 그들이 나에게 말과 행동으로 가르쳐 주고 있다.

사태가 이쯤이라면 이제 북아메리카라는 땅은 영국이 주인이 아니요, 유럽도 더 이상 주인이 아니다. 쉽게 말하면 주인이 없다. 굳이 정한다면 이민자가 주인이다. 이미 원주민은 그들에게 주인 역할을 하라고 해도 못할 정도의 상황으로 전락해 버렸다.

이러한 사실을 미리 깨닫기라도 한 듯, 이민 온 많은 나라의 민족들 중 이곳에서 자기 영토나 위상을 확고하게 올려놓는 민족들이 여기저기 눈에 띈다.

특별히 꼽으라면 이탈리아 이민자와 이스라엘 이민자가 눈에 띄는 편이다. 이들의 경우도 얼마나 천대와 박대를 받으며 시작된 이민생활이었던가. 그러나 그들은 굴하지 않았고 결국에는 영국계들 이상으로 사회 각 요소요소에 자리를 차지하고 있다. 주인 없는 땅이라는 것을 알고는 일찌감치 파고들어 간 것이다.

이런 말이 있다. "북아메리카에서 재판에 승소하려면 유대인 변호사를 써야 한다"고. 그 정도로 유대인의 역할은 실로 크다고 할 수 있다. 어느 분야든지 그들을 거치지 않는 경우는 드물기 때문이다.

또한 영화 〈대부〉에서 보여 주듯, 이탈리아 사람들도 그렇게 어렵게 정착했다. 심지어 백인 사회에서 이탈리아, 그리스, 동유럽 사람은 백인으로 쳐주지 않는, 자기네들끼리의 인종차별이 또 있음을 시간이 좀 지나서야 알게 되었다. 즉 영국계 백인, 독일계 백인, 그리고 북부 유럽 백인들을 제외하고는 모두 인종차별을 당했고 지금도 당하고 있는 경우가 사실상 많다.

그럼에도 현실을 직시하고 그 현실을 파고들기로 작정한 이민자와 그 자녀들이 있으며, 반면에 자기 민족 사람만 만나려 하는 이민자와 그 자녀들이 있다. 그리고 이민 사회에서 계속 살아가야 하는 이 둘에게는 생각과는 상당히 다른 미래가 기다리게 된다.

우리가 잘 아는 축구선수 지네딘 지단이 아프리카 알제리에서 프랑스로 이민 온 알제리 2세라는 사실을 아는 사람은 그리 많지 않다. 그러나 그는 지금 프랑스의 영웅이다. 또한 우리에게 친숙한 노래를 부른 밴드 '시카고'의 베이스 주자이자 보컬리스트인 피터 세트라는 〈If you leave me now〉, 〈Hard to say I'm sorry〉 같은 수많은 명곡을 남겼고 음악인으로서는 최고의 영광인 명예의 전당Hall of Fame에 올랐다. 그러나 그가 폴란드에서 갓 이민 온 사람의 아들, 즉 2세라는 사실을 아는 사람은 별로 없다.

이 외에도 각 분야에서 이민자의 활약은 대단하다. 그러나 그렇게 인정받기 위해서는 엄청난 노력이 필요하다. 지금 내가 살고 있는 캐나다에도 폴란드 말을 써가면서 주류 사회에 들어오길 꺼리는 청년도 있다. 또한 여기서 태어났음에도 중국어를 더 잘하는 중국인 2세도 있다. 그러나 그렇게 편한 쪽으로만 살고자 한다면 그 청년은 언젠가는 직업을 고르는 데 선택의 여지가 없게 될 것이다. 결국 자기 민족들만 상대로 하는 비즈니스를 하든, 아니면 본국으로 돌아가든, 둘 중 하나를 택해야 할 때가 오기 때문이다.

한국 사람이면 당연히 한국말을 더 하고 싶고 한국 드라마를 보고 싶고 한국 음식을 먹고 싶고 한국 친구들을 만나고 싶을 것이다.

그러나 그렇게만 해서는 그 청년에게는 미래에 고통스러운 나날들이 기다릴 뿐이다. 한국의 위상을 높이는 데에는 자국에서의 역할도 필요하지만 외국에서의 역할은 더 중요하다고 생각된다. 유대인들이 지금 미국의 안방에 들어가 있지 않다면 과연 미국 정부가 그렇게 이스라엘을 감싸고돌겠는가.

최근 조사에 의하면 일본인들의 유학 비율이 한국의 10분의 1 수준이라고 한다. 이러한 안주 혹은 도전하기 싫어하는 성향 때문에 오랫동안 텔레비전 분야에서 세계 1등이던 일본 기업이 한국 기업에게 1등 자리를 내주게 되었다며, 지금 일본은 유학을 장려하고 있다. 그만큼 자국에 있기만을 고집해서는 본국의 발전이 없다는 것이다.

한국인들에게는 무한한 가능성이 있다. 그리고, 하면 잘한다. 그런데 자꾸 수그러 드는 마음을 가진 이들을 더러 만나게 된다. 이들 가운데 어떤 이들은 "이제 조국이 잘사니 한국 가서 삽시다"라고 하기도 한다.

계획이 있어서, 사명이 있어서 이민을 왔다면 자신은 그리 못 하더라도 자녀들에게는 사자와도 같은 자신감을 심어 주어야 할 것이다. 자녀들이 영국계 정부 안방으로 침투하지 못하는 것은 그렇게 집에서 보고 배운 것을 따라 하기 때문이다. 아들을 위해 세 번씩이나 집을 옮긴 어떤 어머니처럼, 이민 1세도 자녀들에게 본이 되어야 한다. '도전, 희망, 할 수 있다'는 자세를 쉽게 놓아 버려서는 안 될 것이다.

폴란드인 2세(피터 세트라)가 하는 것, 알제리인 2세(지단)가 하는 것, 그리고 케냐인 아들(오바마)이 대통령이 되는 것······ 우리도 할 수 있다. 그것을 집에서 늘 가르치고 격려해 주어야 한다.

그래야 조국이 산다. 그리고 우리도 산다.

행복 2

*

*

*

앞서 우리는 행복의 개념과 그 근원에 대해 알아보았다. 행복이라는 것은 한마디로 규정짓기 어려운 인간의 심리 상태를 말하며, 이것은 외적인 조건으로는 그다지 충족되지 않는 것이다. 또한 외부 환경과 행·불행은 생각 외로 그다지 직접적인 영향이 없음을 언급했다.

다시 말해, 외적인 조건으로 보기엔 행복해야 할 사람이 우울증을 겪고 있는 경우가 다반사이기에 행복의 근원에 대해 좀더 알아보고자 한다. 한국에서도 많이 가진 자들이 오히려 각종 신경질환을 겪고 있다는 통계를 보더라도 행복의 근원에 대해 깊이 있게 연구하고 이야기하는 것이 결코 지나치지 않다고 생각한다.

영국의 기독교 사상가 C. S. 루이스는 그의 저서에서 행복에 대해 다음과 같이 말한다.

그는 무신론자였으나 뒤늦게 거듭나 활동했기에 누구보다도 무신론자의 입장에 서서 그들이 잘 이해할 수 있도록 하나님의 존재에 대해 설명했다. 그는 행복과 관계있는 주제 중 하나를 자유의지로 보았다. 그러면서 "하나님의 창조 계획에는 우리의 행복이 포함되어 있지만 그 계획에 차질이 생겼다"고 말했다. 즉 불행은 하나님이 주신 자유의지를 우리가 잘못 사용한 결과라는 것이다. 그렇다면 '하나님이 왜 인간에게 자유의지를 주셨는가'라고 묻게 된다. 인간이 자유를 사용해서 스스로 그렇게 많은 좌절을 일으키고 다른 사람에게 그토록 많은 괴로움을 줄 것을 하나님이 아셨다면 도대체 왜 우리에게 선택할 자유를 주신 것인지 묻게 될 것이다.

그러나 여기에는 하나님의 깊은 뜻이 있다. 사랑이나 선이나 기쁨에 가치를 부여하는 것 또한 자유의지를 통해서라고 루이스는 말한다. 자유의지가 없으면 우리는 자동 기계에 불과한데, 하나님은 기계가 아닌 인간과 관계를 맺기 위해 자유의지를 주신 것이다. 루이스는 다음과 같이 주장한다.

"하나님이 가장 고등한 피조물에게 주시려는 행복은 사랑과 즐거움의 절정에서 자유로우면서도 자발적으로 하나님과 연합하며 이웃과 연합하는 데서 생겨나는 행복으로, 거기에 비하면 지상에서 남녀가 나누는 가장 황홀한 사랑조차 물탄 우유처럼 싱거울 것이다. 바로 이런 행복을 누리기 위해 인간은 자유로워야 한다."

우리 인생의 으뜸가는 목적은 우리를 이곳에 있게 하신 그 한 분, 하나님과 관계를 확립하는 것이다. 그러한 관계가 확립되기까지는 행복을 얻으려고 시도하는 모든 노력(돈, 권력, 완전한 결혼, 이상적인 우정, 인생을 소모하며 추구하는 것)은 항상 부족하며 결코 그 갈망을 온전히 충족시킬 수도, 공허함을 채울 수도, 잠 못 이루게 하는 원인을 제거할 수도, 우리를 행복하게 할 수도 없을 것이라고 루이스는 말한다.

하나님은 당신 자신을 넣어야 작동할 수 있는 '행복'이라는 장소를 인간 안에 만드신 것이다. 그렇기에 그분과의 바른 관계 없이는 어떤 것도 해결책이 되어 주지 못한다.

앞서 말했듯, 시편 34편은 이런 의미에서 다른 시편들과 구별된다. 일반적으로 시편에서 다윗이 한 다른 이야기들은 한 나라의 으뜸이 되는 자로서의 고백, 혹은 높은 명예를 지닌 자로서 하나님과의 관계에 대한 이야기라고만 생각할 수 있다. 다시 말하면 우리보다 모든 면에서 상황이 좋은, 높은 명예와 부유한 위치에 있는 사람의 고백이라고 쉽게 이야기할 수 있다. 그래서 다윗과 우리 같은 평범한 사람을 비교 분석하는 것 자체가 모순이라고 할 수 있다.

그러나 시편 34편은 조금 예외가 된다. 본문은 다윗이 적군의 대장인 아비멜렉 앞에서 살기 위해 미친 척하는 과정에서 지은 시다. 명예와 힘이 있는 사람이든 일개 시민이든 죽음 앞에서는 모두 똑같다. 어쩌면 자신을 단칼에 죽일 수 있는 적장 앞에서 그 두려움은 오히려 우리보다 가진 자가 더하다고 볼 수 있다. 그런 상황에서 다윗이 가장 먼저 한 말은 "주를 찬양하리이다"였으며, 4절에서는 주님께서 자신을 "모든 두려움에서 건지셨도다"라고 했다. 주를 찬양하고 주를 자랑하였는데 두려움이 물러간 것이다. 왜 그런 일이 벌어졌겠는가?

다윗은 주를 깊게 의지함으로, 눈에 보이는 것을 다 믿지 않았다. 지금 자기 앞에 적장이 있지만 그도 하나님이 숨을 빼앗아 가시면 마네킹에 불과하다는 것을 알았고 그 사실을 더 믿었다.

우리가 왜 두려워하는가. 두 눈을 뜨고 보기 때문이다. 보지 못한 것을 두려워하는 사람은 없다. 시각장애인들이 겪는 불편함 중 하나는 공간 개념이 없다는 것이다. 자신이 있는 곳이 한 평쯤 되는 곳인지, 열 평쯤 되는 곳인지 누가 말해 주기 전에는 알 수 없다. 그러나 시각장애인들과는 달리 우리는 순간순간 눈에 보이는 것을 두려워하고, 그 두려움은 보이는 것을 100퍼센트 믿기 때문에 생긴다.

내가 잘 아는 어느 캐나다 여성은 엘리베이터를 못 탄다. 왜 그러느냐고 물으니까 사람이 있든 없든 그 공간이 협소해 보이고 자신이 갇혔다고 생각된다고 했다. 그래서 나는 그럴 때마다 눈을 감고 기도하라고 권면해 주었다. 지금 우리에게 보이는 세계만이 전부가 아니라고 설명하며 여러 방법을 이야기해 주었지만, 믿음은 하루아침에 되는 것이 아니기 때문에 결과는 그렇게 쉽지만은 않았다.

보이는 것을 지나치게 사랑하는 사람들이 이러한 증상이 생기기 쉽다. 성경을 기록한 많은 선지자나 사도들의 경우 몸은 한곳에 있는데 그의 영혼이 성령에 힘입어 다른 곳을 다녀오기도 하는 이야기가 기록되어 있다. 과학만 믿으면 보는 것만 믿기에 이러한 이야기를 이해할 수 없다. 보이지 않는 무궁무진한 세계를 이해할 수도, 느낄 수도 없게 된다. 그러하기에 너무 힘들면 더 이상 갈 곳이 보이지 않아 스스로 목숨을 끊는 것이다. 나는 어느 순간부터 과학도 믿지만 성경을 더 믿는 사람이 되었다. 그로 인한 자유함은 우리의 언어로는 표현할 수 없다.

우리가 본 것을 믿으며 그것만이 진실이라고 우리의 뇌에서 인정할 때 우린 본 것에 갇히게 된다. 그러나 본 것에 대해, 물론 보았지만 그 뒤에는 "[게하시 눈에 보인] 불말과 불병거"(열왕기하 6:17)가 날 호위하고 있다는 것을 나의 뇌가 인정할 때, 두려움은 설 곳을 잃고 떠나간다. 바로 이것이 과학을 믿지만 성경을 더 믿는 자의 행복이다.

다윗은 적장의 칼도 보았지만 그 뒤에 있는, 자신을 도와줄 하나님의 능력을 더 보고 믿고 인정하였던 것이다.

또한 이 시편 기자는 모든 그리스도인들에게 영원한 위안이 되는 말을 남긴다. 시편 34편 10절에 "젊은 사자는 궁핍하여 주릴지라도 여호와를 찾는 자는 모든 좋은 것에 부족함이 없다"는 고백을 함으로써 그가 어느 정도로 하나님을 믿고 의지하는지 알게끔 한다.

세상적으로 생각하면, "부족함이 나는 없다"라고 말할 수 있는 사람은 지구상에 없을 것이다. 어떤 계급층의 대단한 사람이라도 늘 그 사람만의 부족함이 있는 것이 현실이기 때문이다. 그런데 다윗은 주를 찾는 자는 모든 좋은 것에 부족함이 없다고 한다. 어떻게 이 말씀을 받아들여야 할까. 주를 경외하면 그저 모든 게 채워진다는 일차원적인 뜻으로 돌려야 할까.

바둑 5급이 바둑 5단의 경지를 이해하지 못하듯, 태권도 흰 띠가 태권도 유단자의 깊이를 이해하지 못하듯, 주를 깊이 알게 될수록 우리의 시각이 달라진다는 것이다. 즉 이전에 원하고 바라던 일들이 그다지 필요치 않은 일들로 변해 간다.

믿음이 어릴 적에, 별것 아닌 일로 다툰 적이 얼마나 많은가. 믿음이 연약할 때 그렇게 하고 싶던 일이 믿음이 장성한 뒤 하찮은 일로 변해 버린 예가 얼마나 많은가. 바둑 5단이 되어서 예전 5급 때의 방법으로 바둑을 두는 사람은 없다. 태권도 유단자가 되어서도 흰 띠 시절의 발차기로 대련을 하는 사람은 아무도 없다.

우리가 신앙의 유단자가 되면, 좋고 싫은 것의 기준이, 그 가치가 변한다. 그렇기에 모든 좋은 곳에 결국엔 부족함이 없게 되는 것이다.

주님을 진정으로 가장 먼저 높여 드리면 우리 인생에 부족함이 있다고 느끼지 않을 것이다. 왜냐하면 하나님은 바로 온 천하 만물을 창조하신 분이기 때문이다. 그래서 그분 한 분으로 충분하고 우리 인생이 차고 넘치게 되는 것이다.

우리 마음에 주님의 마음으로 가득하면 많은 변화가 일어나는데, 그중 가장 아름다운 것 하나를 꼽으라면 그것은 사람을 보는 시각의 변화일 것이다. 주를 알기 전 얼마나 많은 사람이 이웃을 차별했는가. 그러나 주님이 가르쳐 주시는 것 중 정말 아름다운 것 하나는 긍휼이라는 단어, '쉼파데스συμπαθής'다. 곧 타인의 마음을 같이 느끼는 것을 말한다.

그래서 사람이 귀해 보인다. 사람을 사랑하게 된다. 형제로 자매로……. 우리 안에 이 마음이 없으면 얼마나 인생을 피곤하게 살아야 하나. 내가 타인을 긍휼히 여기며 사랑할 때 나의 속사람이 살아난다. 그리고 치유받는다. 하나님이 만드신 피조물 중 사람만큼 아름다운 존재가 또 어디 있는가. 그래서 하루가 행복해지고 그래서 또 하루가 행복해진다. 전혀 조건이 없는 행복, 즉 마음의 기쁨이다.

마음이 영원히 행복하려면 주 안에서 사람을 사랑하자. 이것이 하나님을 마음에 모시는 가장 빠른 방법이다.

캐나다에서 7년간 섬긴 장애인 공동체 파티시페이션하우스 친구들이 지난 가을, 환영 파티를 열어 주었다.
예수님을 사랑할 수 없을 것만 같은 상황에 있던 그들이 이제는 하나둘씩 자신이 변했노라고 고백할 때, 얼
마나 놀랍고 감사하던지…….

오, 자유!

거듭난 사람을 두 가지 유형으로 나눈다면 하나는 계속 주님의 음성과 인도하심을 따르는 자요, 다른 하나는 언젠가부터 자신의 의지대로 사는 자일 것이다. 그동안 나에게도 많은 자유의지가 주어졌다. 그러나 중요한 일일수록 언제나 나에게는 결정권이 없었다. 그 차이는 오늘까지 어마어마한 결과에 이르렀고, 이 모든 것을 주께서 만드셨다.

꽤 많은 분들이 이곳 캐나다에서 이민 목회를 하는 나에 대해 답답하게 생각하셨고 지금도 그렇다. 그분들이 내게 원하는 것은 한국에 들어와서 공연도 하고 뭔가 효과적으로 전도하고 목회하라는 것이었다. 그러나 주님은 내게 아직 그러한 말씀이나 인도를 하신 적이 없다(앞으로는 모르는 일이지만).

나도 인간인데 고국에서 왜 살고 싶지 않겠는가. 그러나 내게 이러한 눈물 같은 골짜기가 없었더라면 목사라는 타이틀로 사람을, 혹은 세상을 슬프게 하는 사람이 되었을지도 모른다. 워낙 세상에서 머리가 빠른 나였기에…….

이곳 캐나다에서 유일한 친구가 집사람과 강아지라고 어느 텔레비전 인터뷰에서 말했듯, 이러한 철저한 고독 속에서 훈련되고 연단되면서 깨달아 가고 치유되고 회복되어 가는 중에 있다.

아직까지도 가끔 한국에 가면 성경보다 사람 만나느라고 바쁜 것이 내 현실이다. 그러나 이곳은 갈 곳도, 오란 곳도, 만날 사람도, 다른 할 일도 없다. 오직 목회와 목회의 연장선상 외에는.

나는 주님께서 처음 목회를 시키시기에 그 교회에 내가 필요한가 보다고 생각했다. 그러나 6년이 지난 지금 생각해 보면 내게 진리를 터득시키시기 위해, 나를 온전한 인간으로 만드시기 위해 주님이 나를 목회라는 주님의 훈련통 안에 넣으셨다는 것을 이제야 깨닫는다.

사람은 깊은 고독과 외로움에 처하지 않으면 만날 사람이 많고, 할 일이 많으면 성경 읽고 기도하는 것이 어렵게 된다. 내가 이렇게까지 회복된 것은 극심한 고독 때문이 아닐까 하고 종종 생각한다. 고독 안에서 말씀과 더욱더 가까워진 것이다.

또한 지금까지 새벽에 깨면 기도하지 않을 수 없고, 기도가 끝나면 이어서 성경을 읽지 않을 수 없다. 깊은 잠에서 깰 때면 70퍼센트 이상은 아직도 옛 모습 반 지금 모습 반으로 깨기 때문이다. 마음이 편하지 않게 깨는 것이다. 그래서 기도실로 가서 기도하지 않을 수 없고 그 아침에 주님이 내게 주시는 말씀이 무얼까 궁금해서 성경을 안 볼 수 없다. 그렇게 어느 정도 시간이 지나야만 지금의 내 모습으로 돌아온다. '가시'가 어떤 면으로는 도움이 된 것이다.

목회한 지 5년이 넘어서면서 설교 준비가 부담이 되었지만, 언제든지 나를 던져 책상 앞에 앉으면 누군가가 써주듯이 술술 나왔고 지금도 설교는 그렇게 나오고 있다. 단지 나는 그것을 주일에, 수요일에 전달할 뿐이다. 그래서 설교문을 작성하면서 내가 먼저 많은 것을 배웠고, 배우고 있다.

깨닫지 못했을 때는 그렇게 많은 시간을 두려워하며, 분노하며, 슬퍼하며, 미워하며 보낼 수밖에 없었다. 그러나 이제는 다르다. 깨달음을 주신 주님께 감사하며, 그렇게 살면 되는 것이다. 그러다 보니 이제 내가 어디서 무엇을 하느냐보다, 지금 내가 주님과 교통하고 있느냐가 가장 중요해졌다.

예를 들어 은혜가 충만하면 전도 집회 때 맘껏 세상 노래를 부르며 전도를 한다. 그러나 은혜가 부족하면 찬양을 부르기에 바쁘다. 나 먼저 채움 받기 위해서다. 내가 채워지지 않고서는 온전한 집회도 설교도 할 수 없기 때문이다. 그래서 사역 전에는 늘 주님과의 관계를 먼저 재정비한다.

내가 이 책에서 이야기한 진리들을 몰랐더라면 아무리 거듭나고 목사가 되었다 해도, 늘 나의 내면의 문제, 용서, 부모님, 아내와 두 아들, 이웃 사랑, 변덕스런 마음, 그리고 의심, 싫증, 신앙 권태기 등으로 힘들어했을 것이다.

더욱이 과학을 전공한 나로서는 지구의 법칙을 중심으로만 과학을 생각하는 '조티븐하킹'(조하문+스티븐호킹) 같은 면이 나를 무척 괴롭혔을 것이다.

나는 지금도 약을 먹는다. 그러나 이제는 그러한 고통, 두려움, 외로움 등이 큰 문제가 되지 않는다. 그것을 바라보고 그런 상황에 반응하는 내가 달라졌기에. 반응하는 방법이 달라졌기에. 지금은 어떤 부정적 감정보다, 어떠한 내 연약함보다 주님만을 더 믿고 바라본다.

우린 늘 어느 선까지라는 것을 정해 놓는다. '이것만은 안 돼'라는 것이 하나둘씩 있다. 그것이 강하게 존재하는 만큼 결정적인 순간에 괴로워진다. 절대라는 그 단어가 나를 절대적으로 힘들게 하는 것이다.

그러나 주를 깊이 만나면 나의 그 절대라는 선을 감싸는 휘장이 찢어지는 사건이 발생한다. 주님이 십자가에서 돌아가실 때 휘장이 찢어졌듯이. 즉 나의 가시와 연약함보다 주를 더 믿는 것은 나의 그 오래된 휘장이 찢어졌음을 선포하는 것이다.

그 휘장이 찢어지는 사건이 평안을 준다. 그리고 자유함이 뭔지 알게 해준다.

진리가 우리를 자유케 한 것이다.

조하문의 회복일기

지은이 조하문

2011. 7. 15. 초판 발행
2011. 7. 29. 2쇄 발행

펴낸이 정애주
편집 송승호 이현주 한미영 황교진 김기민 김준표 오은숙 유진실
미술 김진성 문정인 송하현 최혜영
제작 윤태웅
영업 오민택 차길환 국효숙 박상신 송민영
총무 정희자 마명진 김은오 윤진숙

펴낸곳 주식회사 홍성사
1977. 8. 1. 등록/제 1-499호
121-897 서울시 마포구 합정동 369-43
TEL. 02)333-5161 FAX. 02)333-5165
http://www.hsbooks.com
E-mail: hsbooks@hsbooks.com

ⓒ 조하문, 2011

ISBN 978-89-365-0289-8
값 14,000원 ※잘못된 책은 바꿔 드립니다.
Printed in Korea

홍성사. HONG SUNG SA, LTD.